AF897810

La economía argentina

Carlos Seggiaro

La economía argentina

De dónde venimos y hacia dónde vamos

eduvim

Seggiaro, Carlos Alberto
La economía argentina: de dónde venimos y hacia dónde vamos
1a ed., Villa María: Eduvim, 2015.
132 p.; 25x18 cm.
ISBN 978-987-699-235-0
1. Economía Argentina. I. Título
CDD 330.82

© 2015. Editorial Universitaria Villa María
Chile 253 - (5900) Villa María,
Córdoba, Argentina
Tel.: +54 (353) 4539145
www.eduvim.com.ar

Editora: Agustina Buffa
Diseño de tapa y maquetación: Verónica Feinmann

REUN

Libro Universitario Argentino

Proyectos Especiales

La responsabilidad por las opiniones expresadas en los libros, artículos, estudios y otras colaboraciones publicadas por EDUVIM incumbe exclusivamente a los autores firmantes y su publicación no necesariamente refleja los puntos de vista ni del Director Editorial, ni del Consejo Editor u otra autoridad de la UNVM. No se permite la reproducción total o parcial de este libro, ni su almacenamiento en un sistema informático, ni su transmisión en cualquier forma o por cualquier medio electrónico, mecánico, fotocopia u otros métodos, sin el permiso previo y expreso del Editor.
Impreso en Argentina - *Printed in Argentina*

A mis hijos, Marcelo y Fernando

Agradecimientos

Debo agradecer a las siguientes personas e instituciones por el apoyo y los aportes intelectuales que hicieron posible este trabajo.

A Gonzalo Carrión, Jorge Pécora, Juan Bolatti, David Castellano, Héctor Decándido, Marcelo Geremia, Juan Pablo Finelli, Hugo Dellavedova, amigos y colegas que leyeron atentamente los borradores, sugirieron ideas y detectaron inconsistencias y diversos errores. Todos ellos quedan eximidos de la responsabilidad del trabajo final.

A la Lic. Analía Menardo, que trabajó en la elaboración de los gráficos y aportó diversas opiniones que fueron importantes en la elaboración de todo el trabajo. También a toda la familia Menardo, por haber permitido incluir los dibujos de "Nino", elaborados en la década del 90 y que ilustraron mis artículos en el Diario de Villa María, por aquel entonces.

A mi esposa Sonia, que aportó ideas específicas, pero que además me acompañó en las largas horas de trabajo frente a la computadora.

A la Universidad Nacional de Villa María y su Editorial, que me alentaron para llevar a cabo este trabajo.

Índice

13 **Introducción**

17 **Capítulo I**
La Economía Argentina frente a los ciclos económicos internacionales
17 1.1. Los ciclos de Kondratieff aplicados al caso argentino
20 1.2. El mono y Einstein

25 **Capítulo II**
Un histórico debate en torno a las Estrategias de Desarrollo Económico
25 2.1. Por qué Argentina no fue como Estados Unidos
29 2.2. Por qué Argentina no fue como Canadá y Australia
31 2.3. Tigres, canguros y avestruces
34 2.4. Las distintas dimensiones del desarrollo

37 **Capítulo III**
De dónde venimos - Las Etapas de la Economía Argentina
38 3.1. Etapa Primario Exportadora - 1862-1930
42 3.2. Etapa de Sustitución de Importaciones - 1930-1976
44 3.3. La Hegemonía Neoliberal - 1976-2001

53 **Capítulo IV**
Las Teorías Económicas y su aplicación a la Realidad Argentina
53 4.1. David Ricardo y la Sociedad Rural de Buenos Aires
55 4.2. Keynes, Prebisch y Perón
57 4.3. El retorno del Pensamiento Liberal
60 4.4. Una Teoría de la dependencia Remixada

63 **Capítulo V**
La situación actual
63 5.1. El colapso y sus consecuencias
66 5.2. Política K, con "viento de cola"
71 5.3. Política K, sin "viento de cola"
77 5.4. Reflexión sobre los ciclos económicos y el período K

81 **Capítulo VI**
Claves para interpretar el futuro del país - Oportunidades y Amenazas
81 6.1. Los ciclos internacionales – Fin de fiesta
85 6.2. La Argentina en el mundo
87 6.3. La Estructura Productiva
90 6.4. El proceso de inversión
93 6.5. El rol del Estado
94 6.6. Crecimiento, Desarrollo y Bienestar
97 6.7. La dimensión cultural e institucional del desarrollo
99 6.8. Hacia dónde vamos

103 **Capítulo VII**
Una batería de propuestas indecentes
104 Ejemplo 1. El funcionamiento del Sistema Judicial
105 Ejemplo 2. La estabilidad laboral en el Sector Público
106 Ejemplo 3. La Política Impositiva
108 Ejemplo 4. El problema del narcotráfico
109 Ejemplo 5. Mercado interno versus exportaciones – El caso de la carne vacuna
111 Reflexiones finales a cargo de Wilheim Reich

113 **Capitulo VIII**
Las relaciones de poder y la Política Económica

117 **Epílogo**

119 **Índice de gráficos**

121 **Glosario**

123 **Anexo estadístico**

127 **Bibliografía**

Introducción

Un muy reconocido economista norteamericano del siglo XX, llamado Paul Samuelson (1915-2009), expresó alguna vez, a mediados de la década del sesenta, que había cuatro tipos de países en el mundo: los desarrollados, los subdesarrollados, Japón y la Argentina. La clasificación planteaba que tanto Argentina como Japón eran países difíciles de comprender y predecir. El problema radicaba en que el país asiático era un ejemplo impredecible de éxito, mientras que la Argentina era un incomprensible fracaso.

Repasando los elementos con los que contaba Paul Samuelson sobre la realidad argentina, podemos afirmar que al pensador norteamericano le faltaban algunos elementos de análisis sobre el comportamiento de nuestro país, y que, de haberlos tenido, probablemente no le hubiera parecido tan extraño el desempeño observado.

Pero en realidad, digamos que no nos interesa demasiado la opinión de Samuelson. Lo que sí importa es que, la visión de que la Argentina es un país imprevisible, en donde no se sabe qué va a ocurrir dos meses después, es algo que piensa una gran parte de nuestra propia sociedad. Y eso sí es altamente preocupante, porque quien no tiene un horizonte, una hoja de ruta, no está en condiciones de planificar, de apostar al futuro en términos de acción.

Esta línea argumental como un factor explicativo de los problemas del país, es compartida por numerosos autores. Así por ejemplo, Javier González Fraga expresa que:

> El cortoplacismo del cual se puede acusar a los argentinos constituye un mecanismo natural de defensa más que un defecto congénito. Muchas de las falencias que suelen achacarse a la idiosincrasia argentina, como por ejemplo la falta de respeto a las reglas o el egoísmo, pueden ser vistas como consecuencias de los vaivenes pronunciados que sufrimos[1].

1. González Fraga, J. y Lousteau, M., *Sin atajos*, Buenos Aires: Grupo Editorial Temas, 2005, pág. 5.

A lo largo de las últimas dos décadas, mi trabajo profesional se repartió entre la actividad académica en la Universidad Nacional de Villa María, con alumnos de Ciencias Sociales (Sociología, Ciencias Políticas, etc.) y el asesoramiento a empresas pymes en gran parte del interior del país. La relación cotidiana con estudiantes universitarios y empresarios me fue obligando a diseñar diversas estrategias de comunicación, a los efectos de acercar mecanismos de análisis que permitan desentrañar la dinámica económica traducida al rompecabezas que expresa la Estructura Económica Argentina.

Al respecto, cabe decir entonces, que este libro está pensado básicamente para la lectura de estudiantes y empresarios de pymes que, sin formación económica específica, necesitan comprender cómo funciona la realidad económica del país.

¿Cómo explicar procesos económicos a personas sin formación económica específica? Ese fue gran parte de mi desafío profesional durante los últimos años. Tal esfuerzo, me indujo incluso a pensar que a esta altura de los acontecimientos, me siento más un comunicador que un economista.

Y en realidad debo decir que fueron precisamente algunos alumnos y empresarios amigos los que me fueron animando a que plasmara en un documento mis estrategias comunicacionales para intentar mostrar bajo qué reglas funciona la economía argentina y cómo se puede evaluar su desempeño, sobre todo en relación a la toma de decisiones empresarias, en un contexto de incertidumbre.

Quien busca ser didáctico debe simplificar una realidad que es ciertamente compleja. "Exagero para fijar la idea", decía el cómico Antonio Gasalla en la década del 90, a través de uno de sus personajes. Con un poco más de vuelo intelectual, el pensador español Ortega y Gasset expresa que "pensar consiste un poco en exagerar". Pues bien, este libro está lleno de simplificaciones argumentales, que buscan deliberadamente hacer más comprensibles determinados conceptos y mecanismos de análisis que tienen cierta complejidad.

Llegado este punto también es importante destacar que todo el contenido de este libro expresa un "relato", es decir una interpretación de la realidad que tiene un sesgo, que responde a una escala de valores, a mi cosmovisión del mundo y la sociedad. Hay un esfuerzo por ser lo más objetivo posible, pero es un acto de sinceridad reconocer que los juicios de valor se cuelan siempre, casi inevitablemente.

En el Capítulo I abordaremos la llamada Teoría de los Ciclos a través de la cual intentaremos analizar la relación de la economía argentina con los mercados mundiales. La idea central es tratar de probar que nuestro país tiene una relación estrecha con los ciclos de la economía mundial, y que así ha sido en el siglo XIX, en el siglo XX y también en la actualidad.

En el Capítulo II abordaremos las diversas teorías del desarrollo económico, aplicadas a la realidad de nuestro país en sus diversas dimensiones. A lo largo de la historia se realizaron diversas comparaciones entre Argentina, Australia, Canadá, etc. La visión de que la Argentina estaba destinada a un destino mejor, sobrevuela el inconsciente colectivo de la mayor parte de nuestra sociedad. Sin embargo, pueden visualizarse una serie de factores que explican los repetidos fracasos vividos en nuestro proceso histórico.

En el Capítulo III abordaremos las etapas de la economía argentina entre mediados del siglo XIX y el siglo XX. Aquí utilizaremos la clasificación de etapas diseñada por el reconocido historiador económico Aldo Ferrer, por estar ampliamente difundida y también por ser sumamente didáctica y funcional a los fines de nuestra exposición. El conocimiento de los procesos económicos vividos en esta etapa histórica es imprescindible para comprender adecuadamente la situación actual de la economía argentina.

En el Capítulo IV abordaremos la interrelación entre las teorías económicas hegemónicas a nivel internacional a lo largo del tiempo y su relación, a veces muy estrecha, con las políticas económicas concretas que se llevaron a cabo en nuestro país, sobre todo en las últimas décadas.

En el Capítulo V trataremos de hacer una especie de "radiografía" de la Argentina actual. A manera de simplificación, entenderemos por la "Argentina actual" a la que emergió de la crisis de 2001/02. Aquí analizaremos las políticas del llamado Ciclo K, y los complejos procesos de transformación que experimentó el país en lo que va del presente siglo.

En el Capítulo VI abordaremos aspectos claves para comprender los posibles procesos futuros que impactarán en los próximos años sobre la estructura productiva, los niveles de empleo y las variables sociales. Para ello abordaremos temas como las tendencias globales en lo que hace al proceso de inserción internacional del país, y la capacidad del Estado Nacional para articular políticas alternativas.

En el Capítulo VII nos plantearemos una batería de propuestas concretas, que hemos denominado "indecentes", debido a que están elegidas especialmente porque consideramos que desafían las visiones convencionales. Estamos convencidos de que si no somos capaces de revisar a fondo nuestras estrategias, seguiremos como sociedad, tropezando una y mil veces con la misma piedra. Es patético cómo muchos políticos argentinos, de todos los signos ideológicos, viven repitiendo permanentemente los mismos discursos, planteando las mismas cosas, que ya demostraron su fracaso a la hora de resolver algunos problemas que se arrastran desde décadas.

En el Capítulo VIII, abordaremos el tema de las relaciones de poder, y la necesidad de pensar el funcionamiento de la economía argentina desde las negociaciones entre grupos de poder económico. Este tema, en realidad, se articula transversalmente a lo largo de todo el libro. Sin embargo, su inclusión como un tema específico al final de la obra, tiene por objeto plantear que se trata ciertamente de una cuestión central, para toda aquella persona que esté interesada en interpretar el funcionamiento de la economía argentina.

Pero volvamos finalmente sobre el tema del "relato", a modo de advertencia. Suelo reunirme frecuentemente con dos amigos en un bar de mi ciudad, y es muy habitual que la conversación se incline sobre temas que hacen a la situación del país. Sin embargo, ocurre que uno de mis amigos es lector habitual del diario Página/12 y ve por televisión el Programa 6/7/8. El otro amigo lee Clarín y repasa todos los días las noticias por televisión a través de los noticieros de TN. Está claro que cada uno de mis amigos tiene una visión diametralmente opuesta de la realidad del país. Cada uno tiene un relato distinto. ¿Cuál es la advertencia entonces? ¡El contenido de este libro también es un relato! En este caso, el mío.

Carlos Seggiaro

NINOMENARDO.

CAPÍTULO I

La Economía Argentina frente a los ciclos económicos internacionales

"Les tengo más miedo a los que nos quieren vender de adentro que a los que nos quieren comprar de afuera".

Hipólito Yrigoyen

1.1. Los ciclos de Kondratieff aplicados al caso argentino

Hace ya bastantes años, el economista Miguel A. Broda acuñó una frase sobre nuestro país que quedó en la historia. Dijo que la Argentina era una "economía barrilete". Con esto quería expresar que el desempeño de nuestro país está fuertemente sujeto a los ciclos de la economía mundial. Cuando el viento sopla a favor (por la economía mundial) el barrilete se levanta, y cuando el viento sopla en contra (economía mundial desacelerándose) el barrilete se cae.

En general, es ampliamente aceptado que la economía argentina está fuertemente influida por los ciclos de la economía mundial. Sin embargo, una cosa es la aceptación intelectual, y otra la articulación concreta, a nivel del discurso cotidiano. Así por ejemplo, cuando la economía argentina creció fuertemente entre 2003 y 2008, la mayor parte de la sociedad aceptaba que se trataba del "viento de cola".

Sin embargo, cuando la economía entró en recesión en 2009, la oposición política, los medios de comunicación y parte de la sociedad plantearon que la principal causa estaba relacionada con la mala gestión del gobierno, olvidando que la economía mundial estaba enfrentando la peor crisis de los últimos 80 años, con un fuerte impacto recesivo en la mayor parte de los países del mundo.

En general se reconoce que la Teoría de los Ciclos le debe mucho a un economista ruso llamado Nicolás Kondratieff (1892-1938). Este autor se dedicó a analizar, en la segunda década del siglo XX, el desempeño de la economía europea desde los inicios de la Revolución Industrial, para lo cual cruzó gran cantidad de estadísticas productivas, que le permitieron identificar ciclos expansivos y depresivos en términos de actividad económica.

Los ciclos económicos identificados por Kondratieff para la economía europea fueron los siguientes:

Primera fase en alza	1789 - 1814
Primera fase en baja	1815 - 1848
Segunda fase en alza	1850 - 1873
Segunda fase en baja	1873 - 1896
Tercera fase en alza	1897 - 1920

Como ya hemos expresado, Kondratieff escribió a comienzos de la década del 20, en el siglo XX. Su visión de los ciclos le hizo pronosticar que la economía mundial y, particularmente la europea, estaban al borde de una crisis. Al momento de dicho pronóstico nadie le dio seriedad a su análisis, debido a que la situación parecía bastante floreciente por ese entonces a nivel global. Sin embargo, muchos se acordaron del economista ruso en 1930, cuando estalló la crisis internacional, aunque ya era tarde para llamarlo, ya que su huella se había perdido en la guerra civil entre rojos y blancos en Rusia, en algún lugar de Siberia.

Ahora bien: resulta muy interesante trasladar los ciclos de Kondratieff, elaborados para la economía europea, al funcionamiento de la actividad productiva de nuestro territorio en América del Sur. La correlación es fuerte, ya que la actividad productiva del Virreinato del Río de la Plata y luego de la República Argentina, durante el período analizado, estuvo básicamente orientada a cubrir las necesidades de la economía europea. De allí la fuerte correlación. Vamos a repasar a continuación los tiempos que corresponden a cada una de las etapas.

El primer ciclo de alza en Europa, entre 1789 y 1814, se corresponde con el período de expansión más significativo en la actividad productiva del Río de la Plata. Es la etapa de la creación del Virreinato, en 1776, y el primer período de expansión de la actividad exportadora, básicamente de cueros con destino a la actividad industrial en Europa. El dato estadístico es elocuente: antes de 1778 salían del puerto de Buenos Aires unos 150.000 cueros anuales. Hacia 1785 ya se exportaban 800.000 unidades y al finalizar ese siglo la cifra alcanzaba las 1.400.000 unidades de exportación anual.

La primera fase en baja para Europa, entre 1815 y 1848, se corresponde con las guerras civiles en nuestro territorio. En este punto estamos tentados a invertir la relación causa efecto que plantean muchos historiadores argentinos al momento de analizar esta etapa. Un argumento muy repetido expresa que la actividad económica en el territorio se debilitó, debido básicamente a los problemas que generaron los enfrentamientos y las guerras civiles, con la consecuente destrucción de la infraestructura, vidas humanas y estancamiento productivo.

¿Cual es la tentación? Invertir la relación causa efecto. En este caso diríamos que la caída de la actividad económica se debió básicamente a la caída de la demanda desde Europa, lo cual generó una disputa violenta por el escaso excedente económico. Las guerras civiles, que desangraron al país durante varias décadas, incluyendo la etapa de

Rosas, serían así una consecuencia de la debilidad económica planteada por un ciclo de baja en la economía global y particularmente en Europa.

La segunda fase de alza para Europa, entre 1850 y 1873 coincide con la expulsión de Rosas, la organización de la República Argentina y una primera etapa de expansión de la actividad económica, con un fuerte énfasis en el desarrollo de la infraestructura (básicamente con aporte de capitales externos), el comienzo del proceso inmigratorio y los primeros pasos en la organización jurídica del país.

La segunda fase de baja en Europa, entre 1873 y 1896, coincide en Argentina con una desaceleración del ritmo de crecimiento económico, que comenzó con una crisis bancaria en 1873, bajo la presidencia de Sarmiento, y culminó con la famosa y denominada Crisis de 1890, que le costó el gobierno al Presidente Juárez Celman, y generó la quiebra integral del sistema financiero del país.

La tercera fase en alza para Europa, entre 1897 y 1920, se corresponde en la Argentina con el período de mayor desarrollo económico en la historia del país. También coincide con la mayor expansión de los capitales europeos en nuestro territorio y una fuerte integración de la economía argentina a los circuitos internacionales.

Las reflexiones que se deducen del análisis precedente son fuertes. Los ciclos de la economía argentina han estado históricamente vinculados a los ciclos internacionales, tanto en sus fases expansivas como en las depresivas. Así fue desde los orígenes de la actividad en el Río de la Plata y en realidad ha seguido siendo así hasta el presente. Ya veremos, en el Capítulo III, que a partir de la crisis de 1930, algunos gobiernos intentaron un camino que buscó independizar parcialmente al país de los ciclos internacionales y, sobre todo, intentar una política articulada bajo intereses nacionales, algo que también veremos, no terminó del todo bien.

Por otra parte, la lectura sobre los ciclos económicos también nos conduce a un análisis sobre las decisiones en términos de política y las relaciones de poder. Está claro que en la etapa colonial, bajo la Corona española, las decisiones en materia de política económica estaban en manos extranjeras, así como las escasas decisiones en términos de inversión productiva.

Ahora bien, ¿se supone que esto cambió con la independencia? No tiene nada de novedoso comentar que la actividad productiva en el Río de la Plata pasó de estar controlada por España a estar bajo la tutela de Inglaterra. En ese contexto, muy pocas veces los gobernantes locales se atrevieron a tomar decisiones que afectaran negativamente los intereses de las potencias europeas, que digitaban muchas veces en forma abierta las acciones de los gobernantes locales. Cuando alguien intentaba tomar algún camino que afectaba los intereses europeos, debía enfrentarse a las consecuencias (es el caso de Rosas, y sus frecuentes choques y reconciliaciones con los diversos grupos de presión).

En realidad, tal vez el mismo proceso de expulsión de Rosas y la posterior Organización Nacional, a mediados del siglo XIX, tiene que ser visto también como algo abiertamente digitado desde los intereses europeos, a partir de la necesidad de incorporar el territorio nacional a los circuitos productivos mundiales, como proveedor de materias primas y alimentos en gran escala, para lo cual hacía falta un marco institucional y jurídico, incompatible con la cultura política del rosismo.

1.2. El mono y Einstein

La fuerte interrelación entre la economía argentina y los circuitos internacionales puede seguirse a lo largo de todo nuestro proceso histórico, pero vamos ahora a mostrar la interrelación entre las variables para un período más cercano en el tiempo. A tal efecto vamos a hacer nuevamente una fuerte simplificación de la realidad. Vamos a suponer que el nivel de actividad económica del país (medido a través del PBI) depende básicamente (o es función de, como diría un matemático) de dos variables, en primer lugar de los precios internacionales de los commodities y en segundo término de las tasas de interés a nivel internacional. Dicho en términos matemáticos, diríamos que, para el caso argentino el

PBI f (pc, ti)

Donde pc es el precio de los commodities y ti el nivel de las tasas de interés a nivel internacional.

La relación entre el PBI y los commodities es directa, ya que si los precios de los granos aumentan, eso beneficia a la Argentina, debido a que eso es lo que vendemos en el mundo y genera las divisas para el país. En cambio, la relación funcional entre las tasas y el PBI es inversa, ya que si las tasas de interés aumentan en el mundo, eso juega en contra del nivel de actividad económica del país.

A diferencia de la relación con los commodities, más fácil de entender, la de las tasas de interés requiere de una explicación adicional. La experiencia histórica muestra que cuando las tasas de interés son bajas en los países centrales (Estados Unidos y Europa), algunos capitales buscan una mayor tasa de rentabilidad en los países periféricos (como la Argentina, o Brasil, por ejemplo), dicho ingreso de capitales motoriza el consumo y la inversión, y con ello se produce un aumento en el nivel de actividad económica.

En cambio, cuando las tasas de interés comienzan a subir en los países centrales, los mismos capitales dejan la periferia para volver a sus lugares de origen, más seguros en términos jurídicos. Esto genera una fuga de capitales que afecta negativamente la actividad productiva y el consumo en los países de la periferia. Vale aclarar que este análisis no es una simple hipótesis teórica, sino que está contrastado empíricamente, no sólo para Latinoamérica, sino para todos los países de la periferia mundial.

Hechas estas consideraciones en relación al modelo propuesto, vamos a considerar a continuación el comportamiento de dichas variables desde la década del 80, en el siglo XX, hasta el presente, es decir que vamos a considerar todo el período democrático en la Argentina.

¿Qué pasaba con estas variables en la década del 80? En relación a las tasas de interés, se había producido a comienzos de la década un aumento muy fuerte en las tasas de interés en Estados Unidos, lo cual hizo que en el año 1982 México no pudiera pagar los intereses de su deuda externa y se declarara en default. Como consecuencia de esta situación, el crédito internacional quedó prácticamente cortado para todos los países latinoamericanos, durante casi toda la década. Mientras tanto, prevalecía a nivel internacional una verdadera guerra de subsidios entre Estados Unidos y Europa que tendía a deprimir los precios de los commodities a nivel mundial.

Con tasas de interés altas y precios bajos para las materias primas, el ciclo económico internacional le jugaba claramente en contra a la Argentina y también al resto de los países de América Latina. Estamos hablando de la etapa correspondiente al gobierno de Raúl Alfonsín, y también del período que para toda Latinoamérica se ha denominado la década perdida.

¿Qué paso después? A comienzos de la década del 90 se produjo un cambio de tendencia a nivel global. La caída del muro de Berlín y el inicio del proceso denominado de globalización, dieron inicio a una baja persistente en las tasas de interés a nivel internacional. Paralelamente a lo anterior, Estados Unidos y Europa habían llegado, en la ronda Uruguay del GATT, a un mínimo acuerdo para destrabar una parte de los subsidios agrícolas, con lo cual se dio inicio a un proceso de aumento tendencial en los precios de los commodities.

Volviendo a la fórmula de nuestro modelo, las tasas de interés en baja y el aumento en los precios de los commodities se tradujeron en un aumento en el nivel de actividad económica en la Argentina. El viento comenzaba a soplar a favor. Fue el escenario que encontró Menem, casi al inicio de su gobierno.

¿Hasta cuándo duro el viento a favor? Hasta el año 1998, en que se produjo la crisis que se denominó del Sudeste de Asia, por haber estallado en Indonesia y Malasia. Esta crisis se tradujo en un aumento de las tasas de interés y una caída en los precios internacionales de los commodities. El viento comenzó a soplar en contra, lo cual afectó la última etapa de gobierno del mismo Menem, y prácticamente todo el espacio temporal del gobierno de la Alianza, con Fernando de la Rúa.

Ciclos son ciclos. Las cosas volvieron a cambiar a comienzos de 2001, cuando la economía mundial tocó fondo y comenzó a recuperarse. Para enfrentar un escenario que amenazaba con ser recesivo, Estados Unidos decide en 2001 iniciar un proceso de disminución en las tasas de interés que no tenía antecedentes en las últimas décadas. Paralelamente a lo anterior, y por una multiplicidad de factores concurrentes, comenzó a producirse un aumento persistente en los precios de los commodities durante varios años consecutivos.

Tasas de interés a la baja y suba de los precios de las materias primas. El viento comenzó a soplar nuevamente a favor de la Argentina, lo cual fue claramente visible a partir de 2002. Ese fue el escenario con el que se encontró Néstor Kirchner al comienzo de su mandato. El famoso "viento de cola" del cual habló siempre la oposición política, y del cual haremos comentarios más profundos en el Capítulo V de este libro. Los gráficos que se acompañan más abajo muestran claramente esta correlación, en este caso entre el PBI y los precios de los commodities.

El gráfico 1 muestra el desempeño del nivel de actividad económica de la Argentina, medido a través del PBI, entre 1994 y 2014. El gráfico 2 muestra el comportamiento del precio de los commodities, medido a través de un índice, denominado CRB, que se calcula en Londres desde 1957 a la fecha, y que sigue el comportamiento en los mercados globales de más de 20 commodities, entre granos, harinas, aceites, metales, petróleo, etc.

Ahora bien, ¿hasta cuándo duró el "viento de cola"? Hasta el estallido de la crisis llamada de las Hipotecas Subprime, que en realidad estalló en Estados Unidos, y desde allí se trasladó a Europa en primera instancia y luego al resto del mundo, entre los años 2008 y 2009. Esta crisis, en términos estadísticos, fue la peor que haya sufrido la economía global en los últimos 80 años, y marcó el fin del ciclo expansivo en los precios de los commodities, tal como se desprende del gráfico ya citado. Para la economía argentina, también marcó el fin de una verdadera fiesta, que obligó al gobierno argentino a cambiar su estrategia en términos de política económica, tal como veremos más adelante, al analizar el gobierno de Cristina Fernández.

Gráfico1. Crecimiento de la actividad económica argentina
Variación porcentual anual del PBI

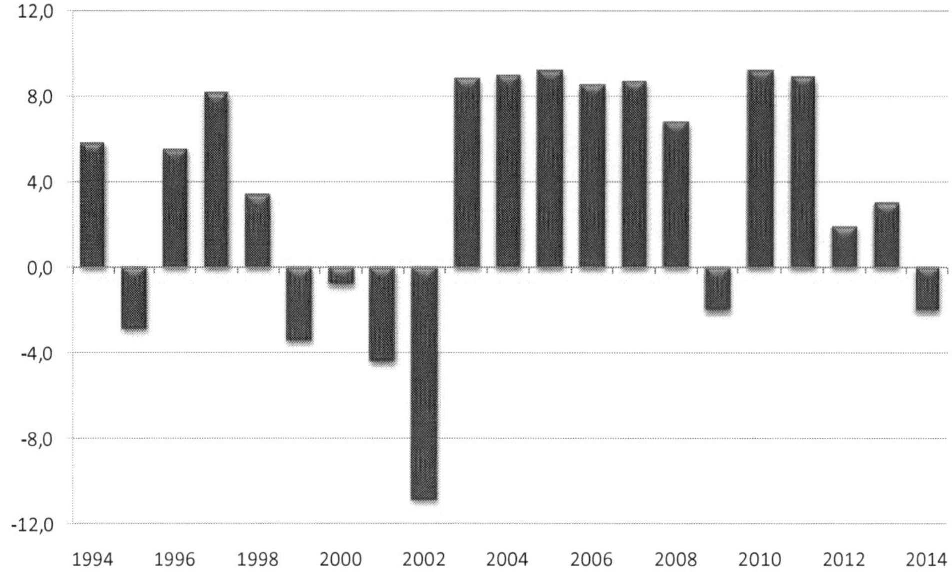

Gráfico 2. Índice CRB
Thomson Reuters / Jefferies

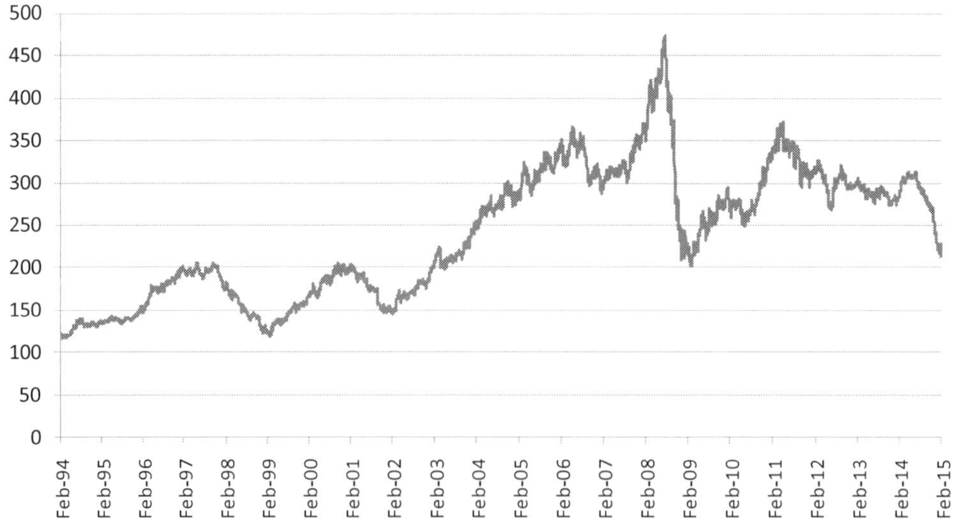

¿Puede plantearse con tanta simplicidad el funcionamiento de la economía argentina? Si el análisis precedente fuera estrictamente correcto, entonces para nada importaría si a la Argentina la gobierna un mono o Einstein. Si el contexto internacional juega a favor, el país podría estar gobernado por un mono, que se parecería a Gardel, y si el viento sopla en contra, no importaría que el Presidente fuese brillante, porque la realidad se lo llevaría puesto a partir de las negativas señales externas.

El análisis precedente expresa claramente una exageración y debe ser tomado como tal. Sin embargo, lo que pretendemos con esta línea argumental es que el lector tome cabal conciencia de que los ciclos internacionales tienen una incidencia no menor a la hora de evaluar el desempeño de la economía argentina e ignorarlos al momento de cualquier análisis expresa un error conceptual serio, o un acto deliberado por distorsionar la realidad (retomaremos este tema al hablar de la economía argentina en la primera década del siglo XXI, la situación actual y sus perspectivas de mediano plazo).

CAPÍTULO II

Un histórico debate en torno a las Estrategias de Desarrollo Económico

"La economía nunca ha sido libre. O la gobierna el Estado, en beneficio del pueblo, o la controlan las Corporaciones, en perjuicio de éste".

Juan Domingo Perón

2.1. Por qué Argentina no fue como Estados Unidos

¿Por qué Argentina no fue como Estados Unidos? A veces, en algunas de nuestras reuniones empresarias, nos encontramos con alguien que, al pasar, argumenta que nos convendría haber perdido el conflicto durante las Invasiones Inglesas, entre 1806 y 1807. Si hubiéramos sido una Colonia Inglesa nos hubiera ido bastante mejor de lo que nos fue, suele escucharse.

Si bien hacer lo que se denomina Historia Contrafáctica (¿qué hubiera pasado si?) nos parece un ejercicio intelectual bastante estéril, la anécdota sirve para chequear algunos mitos que subyacen en el inconsciente colectivo de muchos argentinos, y que merecen atención, porque expresan valores complejos, que en gran medida nos impiden avanzar adecuadamente de cara hacia el futuro.

A continuación vamos a plantear nuestra visión sobre los orígenes del desarrollo económico de nuestro país, en una clave fuertemente económica, con una batería de argumentos que pensamos ayudan bastante al momento de aportar elementos que permitan no sólo comprender por qué no fuimos como Estados Unidos, sino también por qué nos separamos del desempeño de otros países como Canadá y Australia, que a comienzos del siglo XX mostraban indicadores económicos y sociales muy parecidos a los de la Argentina, al menos en la superficie.

El reconocido historiador Pierre Chaunu comentaba que, entre 1520 y 1550, los españoles habían recorrido nada más y nada menos que 24 millones de kilómetros cuadrados en América, mientras que los ingleses, incluso hasta mediados del siglo XVII, sólo se habían introducido unos 200 kilómetros desde la costa atlántica, en lo que hoy es Estados Unidos y Canadá. ¿Esta fuerte diferencia en el accionar, responderá acaso a diferencias de mentalidades, que ya hacían presagiar las diferencias posteriores, en términos de desarrollo económico, político y social?

En rigor a la verdad, hay que decir que tanto los españoles, como los ingleses y franceses y el resto de los europeos occidentales, compartían a comienzos del siglo XVI la misma mentalidad mercantilista, corriente de pensamiento económico que descansaba en los siguientes criterios: prácticas proteccionistas en materia de comercio exterior, fuerte intervencionismo estatal y valoración del oro y la plata como sinónimo de riqueza.

En base a este criterio mercantilista, los europeos buscaban en América ciertamente oro y plata, pero también se ocuparon de impulsar aquellos productos alimenticios de alto valor, que Europa no producía, tales como especias, cacao, azúcar, café, etc. Lo del alto valor es relevante para el análisis, toda vez que los barcos disponibles en ese momento sólo podían trasportar un reducido tonelaje. En una carabela, por ejemplo, tenía sentido cargar azúcar con destino a Europa, un producto de alto valor, pero no tenía mucho sentido económico embarcar trigo o maíz, ya que su venta en Europa no hubiera compensado los costos del flete interoceánico.

Cuando se trataba de buscar oro y plata, los europeos estaban dispuestos a hacer el mayor de los esfuerzos. Potosí, la gran fuente de plata en la América Española, estaba a más de 4.000 metros de altura en los Andes, en un lugar ciertamente inhóspito, y a más de 2.500 kilómetros del puerto más cercano. La localidad de Ouro Preto, donde los portugueses extrajeron oro durante más de tres siglos, estaba también muy adentro en el territorio del actual Brasil.

A diferencia del caso de los metales preciosos, cuando se trataba de producir alimentos de alto valor, las necesidades eran más complejas. La mayor parte de los productos ya mencionados necesitan condiciones agronómicas propias de las regiones cálidas o tropicales. Pero además había que sumar otros dos condicionantes. En primer lugar una mano de obra disponible con experiencias agronómicas, y por otro lado, una vía de comunicación adecuada que limitara los costos de transporte. Sin estas condiciones, el territorio carecía de interés, tanto para un español y un portugués, como para un inglés o un francés.

Bajo estos criterios, los portugueses desarrollaron la producción de azúcar en Brasil, aunque siempre sobre la costa, ya que la producción en el interior del país encarecía los costos de transporte (sobre caminos casi inexistentes). Como en el territorio no contaron con una mano de obra abundante y con experiencia agrícola, recurrieron a la importación de mano de obra africana, a través del tráfico de esclavos.

Los españoles, en algunas zonas de México y Perú, también apuntaron a la producción de este tipo de productos, pero en algunos casos no hubo necesidad de importar esclavos, debido a que la mano de obra existente conocía las prácticas agrícolas y se mostraba dócil al control de los blancos (el sistema de encomiendas fue una pieza clave del sistema colonial en América).

Bajo este criterio, de carácter mercantilista, México, Perú, la costa brasilera y las islas del Caribe eran lugares de utilidad económica, y fueron consideradas como tales. Ahora bien, bajo esta misma visión, ¿qué utilidad tenían la pampa argentina o el interior de los Estados Unidos? La respuesta es, ningún interés. No había oro y plata, ni un clima adecuado para las producciones que interesaban, y tampoco una mano de obra dócil (había en cambio tribus nómades, fuertemente hostiles y sin conocimientos agronómicos). También se trataba de territorios interiores lejanos a los puertos, y en los cuales el costo de transportar cualquier mercadería la hubiera transformado en antieconómica.

Esta es la razón por la cual el territorio argentino no tuvo interés para la Corona española. Por la misma razón, el territorio norteamericano no tuvo especial interés para la Corona inglesa. Para la mentalidad mercantilista, ambos territorios eran bastante inútiles. Debido a ello, fueron poco habitados y tuvieron una muy escasa presencia institucional, entre los siglos XV, XVI, y hasta mediados del siglo XVIII.

Vino a ser un hecho fortuito el que generó una ola de inmigración desde Inglaterra a Estados Unidos, durante los siglos XVII y XVIII, que rompió la lógica mercantilista de ocupación territorial. Las guerras de religión en Europa empujaron a muchas familias y comunidades a buscar nuevos horizontes, donde la persecución y la hostilidad tuvieran menor intensidad. El conflicto religioso generó, de hecho, una corriente emigratoria hacia los nuevos territorios.

Aquí se produce un cambio importante en relación a la ocupación territorial, cuyas consecuencias serían amplias y perdurables. Los "refugiados", religiosos ingleses que viajan a América, lo hacían con su familia, buscando un nuevo hogar en el cual vivir. La colonización, en este caso, se hizo a través de pequeñas y medianas propiedades. Sobre un horizonte de muchas pequeñas propiedades rurales, surgía posteriormente, el ámbito urbano, es decir el lugar donde se ubicaba la iglesia, y los requerimientos administrativos propios de una comunidad (administración de justicia, seguridad, etc.).

En un muy reconocido trabajo publicado en 2013, *Por qué fracasan los países*, el investigador norteamericano Daron Acemoglu destaca al respecto:

> La Virginia Company finalmente aprendió que lo que había funcionado para los españoles en México, Centroamérica y Perú, no funcionaba en el norte del Continente Americano. El resto del siglo XVII fue así testigo de una larga serie de luchas a través de las cuales hubieron de convencerse de que para lograr una colonia viable económicamente, la única opción era crear instituciones que dieran incentivos a los colonos para invertir y trabajar duro[2].

La diferencia de la colonización en Estados Unidos y Canadá, con el ejemplo español y portugués, es notable ya que aquí la fundación de la ciudad precedió a la colonización rural. Esto se explica desde el sentido propio de la conquista. Luego de fundar la ciudad, los conquistadores se repartían el espacio rural circundante. Se trataba de

---

2. Acemoglu, D. y Robinson, J., *Por qué fracasan los países. Los orígenes del poder, la prosperidad y la pobreza*, Buenos Aires: Ariel, 2014, pág. 41.

grandes extensiones para cada propietario, que incluía la mayor parte de las veces a la población nativa.

De lo anterior surge una génesis muy distinta en el proceso de apropiación de la tierra, y también en el proceso de urbanización. Para el caso de Estados Unidos, ya vimos que prevaleció la pequeña o mediana propiedad rural, basada en el trabajo familiar. En cambio, en la mayor parte de Iberoamérica, prevaleció la gran propiedad o latifundio, basado en el trabajo esclavo o servil (a través de las comunidades indígenas sometidas).

El autor Acemoglu, ya mencionado, destaca al respecto lo siguiente:

> En Estados Unidos, una larga serie de leyes legislativas dieron un amplio acceso a las tierras fronterizas. A pesar de que los pueblos indígenas habían sido marginados, aquello creó una frontera igualitaria y económicamente dinámica. En cambio, en la mayoría de los países latinoamericanos, las instituciones políticas condujeron a resultados muy distintos. Las tierras fronterizas fueron asignadas a los que tenían poder político, riqueza y contactos, lo cual hizo que con el tiempo estas personas fueran todavía más poderosas[3].

¿Ayuda a explicar este proceso el desarrollo desigual que siguieron los territorios en los siglos siguientes? A nuestro criterio ayuda bastante. Fuerte desigualdad de los ingresos en el caso Iberoamericano, frente a una distribución del ingreso relativamente igualitaria en el caso norteamericano.

A la Corona inglesa el territorio, sobre todo lejos de los puertos, no le interesaba demasiado. Esto explica que no atendiera adecuadamente los reclamos de las comunidades para brindar servicios básicos, como justicia y seguridad. ¿Cómo resolvió cada comunidad esta demanda insatisfecha? Cada comunidad tuvo que elegir y sostener a sus propios funcionarios. Así surgió el Juez local y el Sheriff en cada pueblo. Se trata de una práctica democrática que surgió por necesidad, ante la falta de respuesta de la Corona británica, y que persiste incluso hasta el presente (las autoridades policiales y los jueces son electivos hasta el día de hoy en los Estados Unidos, incluso en las grandes ciudades).

El contraste con Iberoamérica es notable en este punto. Para hacer prevalecer sus intereses, tanto España como Portugal sostenían la totalidad de los funcionarios coloniales en personas de origen europeo, lo cual finalmente fue parte de la conflictividad que desencadenó el proceso emancipador, en la primera década del siglo XIX.

Por otra parte, hay un tema fuerte en lo que hace a una visión del desarrollo económico. ¿Dónde es más factible que surja un proceso de industrialización? ¿En una sociedad donde el excedente es escaso, pero está relativamente repartido, o en una sociedad donde el excedente es muy importante, pero está concentrado en pocas manos?

Veamos con un ejemplo. Supongamos que alguien quiere instalar una fábrica de vajilla. ¿Qué sociedad será más atractiva en términos de demanda de consumo? Sin lugar a dudas la conformada por pequeños y medianos empresarios, con escaso excedente, es decir con una capacidad de ahorro limitada. En cambio, en la sociedad escla-

---

3. Ibídem, pág. 53.

vista de Pernambuco, en Brasil, el dueño de la hacienda tiene un excedente inmenso, con lo cual posee la capacidad para comprar la mejor vajilla del mundo (de Limoges, en Francia, por ejemplo). Como contrapartida, la mayor parte de la misma sociedad, tiene una nula capacidad de ahorro, ya que sólo vive del autoconsumo que se genera en la misma hacienda esclavista. Este elemental análisis es relevante al comprender por qué el proceso industrial comenzó en Boston, y no en Pernambuco.

Como puede apreciarse, aquí no hay explicaciones raciales ni culturales, sino básicamente resultantes de una compleja trama económica. Incluso esta misma diferencia se dio dentro mismo de los Estados Unidos. Los Estados del sur eran esclavistas, basados en la producción de algodón y tabaco. Pues bien, la mentalidad de un hacendado de Luisiana, era ciertamente muy similar a la del hacendado de Recife o Bahía. Fue el norte de Estados Unidos el que se desarrolló industrialmente, y sólo la guerra civil, entre 1861 y 1865, resolvió este tema en el país del norte (aunque las diferencias han persistido hasta el día de hoy, y ciertamente el norte de los Estados Unidos es mucho más industrial que el sur).

La distribución de la tierra, y sus consecuencias en términos de distribución del ingreso, explican parte del desarrollo productivo regional, pero también suman al análisis de la calidad institucional, y la salud de las prácticas democráticas.

Cuando se produce la emancipación en Sudamérica, en muchos casos se copiaron los instrumentos jurídicos que se habían elaborado en Estados Unidos, aunque el sustrato social y cultural no era el mismo. En Brasil, finalmente fue abolida la esclavitud, pero: ¿quién podría ser elegido Alcalde de Recife en una elección abierta, sino el mismo dueño de la tierra, que seguía concentrando la mayor parte del poder económico?

Esto explica la persistencia en el poder de las tradicionales oligarquías en muchas sociedades latinoamericanas, a lo largo del tiempo. Siguiendo los argumentos de Antonio Gramsci, si el poder de estos grupos es tan fuerte, es porque han conseguido que sus ideas estén también internalizadas en la cabeza del resto de la gente, como propias.

Sin embargo, y en relación a este tema, está claro que cada etapa histórica debe ser analizada en su propio contexto. Cierta vez, en el marco de un debate entre historiadores, alguien planteó, en tono crítico, que Martín Miguel de Güemes, había sido un "señor de la tierra" en Salta, es decir un latifundista. Esto generó la reacción airada del historiador José María Rosa que expresó lo siguiente: "¿Y qué querían que fuera un caudillo a comienzos del siglo XIX en el norte del país? ¿Un delegado gremial?"

2.2. Por qué Argentina no fue como Canadá y Australia

Cuando se habla del desarrollo económico, es muy frecuente entre los analistas y mucho más entre los profanos, hacer comparaciones entre países, a los efectos de proponer líneas de acción concretas. Frases como "tendríamos que seguir el modelo chileno o brasilero", suelen escucharse con frecuencia, olvidando que se trata de países con estructuras productivas a veces muy distintas y, por supuesto, marcos institucionales y pautas culturales difíciles de comparar.

Sin embargo, a lo largo de la historia de la Argentina, y sobre todo desde los inicios mismos del siglo XX, fue frecuente comparar el desarrollo económico de nuestro país con otros dos países que mostraban, al menos hasta las primeras dos décadas del siglo XX, desempeños, al menos en la superficie, bastante parecidos. Se trata de Canadá y Australia, dos economías que mostraban algunas similitudes notables, que ciertamente "invitaban" a la comparación.

Esto es tan así, que fue el propio gobierno argentino, en 1910, el que contrató a un grupo de especialistas para que realizara un análisis comparativo entre los tres países, a los efectos de analizar posibles acciones, a partir de las similitudes detectadas. Regiones alejadas de la zona ecuatorial, aislamiento respecto de los grandes mercados, población básicamente europea, similares productos de exportación, y crecimiento a partir de inversiones extranjeras, sobre todo en términos de infraestructura en ferrocarriles y puertos, etc.

¿Qué otras cosas tenían en común estos tres países a comienzos del siglo XX? Es importante destacar que no contaban con una población nativa que presionara sobre la demanda interna de alimentos, por lo que sobraban recursos para exportar. Se trataba de países jóvenes, con una gran parte de la población trasplantada, a través del proceso inmigratorio.

Sin embargo, además de las similitudes, también había profundas diferencias, aunque tal vez menos visibles en la superficie. Como bien destaca Daniel Muchnik:

> por encima de las similitudes constitutivas, Canadá y Australia orientaron sus esfuerzos hacia la industrialización y el proteccionismo, un modelo que la Argentina abrazó sólo en forma tardía, trunca e incompleta, demora que determinó frustraciones estructurales. Esta decisión a favor de la industria fue un hito que indica a su vez diferencias de formación política, institucionales y culturales entre las tres naciones. Los incipientes industriales australianos y canadienses hicieron caso omiso de las pretensiones de los agricultores de bajar los aranceles de importación, y de ese modo lograron movilizar con éxito a la clase obrera urbana en apoyo de políticas proteccionistas[4].

Pero la diferencia más fuerte, también estaba vinculada al acceso a la tierra. A diferencia de Argentina, donde el acceso a la tierra estuvo muy limitado para los inmigrantes, y prevaleció la gran explotación agrícola, que a su vez concentró el poder en pocas manos desde el punto de vista económico y como corolario, también político, en Australia y Canadá el acceso a la tierra para los inmigrantes fue muy fluido, lo cual contribuyó a generar una sociedad de pequeñas y medianas empresas, una capacidad de ahorro local que se volcaba al consumo interno, lo cual ayudó a la progresiva consolidación de industrias pymes.

En Argentina, mientras tanto, la mayor parte de la tierra quedó concentrada en pocas manos. Incluso algunos de los dueños de aquellos latifundios fueron famosos en Europa por su generosidad al momento de gastar. Tanto es así que algunos se daban el lujo de construir en Argentina palacios como los que veían en París. De hecho, y para

---

4. Muchnik, D., *Tres países, tres destinos. Argentina frente a Australia y Canadá,* Buenos Aires: Editorial Norma, 2003, pág. 121.

quien guste de la arquitectura, digamos que un barrio con la calidad edilicia de la Recoleta, de Buenos Aires, no existe en ninguna ciudad de Australia o Canadá.

Desde sus orígenes, la Argentina fue gestando una distribución del ingreso más inequitativa que la de Canadá y Australia, con lo cual la tasa de ahorro nacional quedó en pocas manos, que no tenían ninguna predisposición para impulsar el desarrollo económico en una base productiva que no fuera la reproducción del modelo agroexportador, que les brindaba grandes beneficios tal como estaba.

El grito de Alcorta, que dio nacimiento a la Federación Agraria Argentina en 1912, es la prueba más concreta de las inequidades que soportaban los inmigrantes que llegaban desde Europa con la pretensión de trabajar la tierra en la Argentina, y se encontraban con la mayor parte de los campos ya ocupados, en muy pocas manos. Aunque suene paradójico, los espacios geográficos donde la tierra tuvo alguna distribución más equitativa, fue en aquellos lugares donde los capitales ingleses que desarrollaban las nuevas vías férreas llevaron adelante loteos por su propia cuenta (por ejemplo el eje Rosario, Villa María, Córdoba).

2.3. Tigres, canguros y avestruces

En la Argentina, el debate sobre los modelos de desarrollo casi siempre ha hecho eje en el rol que le cabe al sector industrial y cuánta protección necesita para avanzar y desarrollarse. En este punto, nuestro país se ubica en un incómodo lugar intermedio, en términos de tamaño, que hace más difícil el análisis. Dos vecinos, en cambio, tomaron hace décadas una decisión que no abandonaron con el tiempo, a pesar de los cambios ideológicos en sus gobiernos. Nos estamos refiriendo a Chile y a Brasil.

Chile es un país con un mercado interno muy reducido. Intentó en la década del 60 un proceso de industrialización vía sustitución de importaciones como la Argentina, pero a poco de andar quedó en claro que lo reducido de su mercado interno condenaba a esos sectores a trabajar con una escala de producción muy baja, que los hacía poco competitivos. Por eso la decisión, desde hace ya varias décadas, fue que había que apuntar a una economía altamente especializada en términos productivos, que operara para el mercado mundial. Debido a ello, no vemos en Chile políticas fuertemente proteccionistas, ni aún en el caso de los gobiernos de tinte socialista.

El caso brasilero está en el otro extremo, ya que cuenta con un mercado interno muy importante, con lo cual una política industrial proteccionista puede plantearse con mejores chances, ya que las empresas pueden operar con una escala muy superior. Esto explica que los gobiernos que plantean políticas proteccionistas reciben el apoyo de los empresarios industriales en Brasil, sean de izquierda o de derecha.

La Argentina se ubica en un punto intermedio entre Chile y Brasil, aunque nuestra historia industrial se acerca más al modelo brasilero. Sin embargo, el debate sobre el perfil industrial continúa en el presente, sin que se generen aún los consensos necesarios para definir políticas de Estado de mediano y largo plazo.

En ese contexto, aún está abierto en la Argentina el debate sobre qué tipo de modelo de desarrollo se quiere impulsar. ¿Nos convendría imitar el ejemplo de los tigres asiáticos o sería mejor mirar la experiencia de Australia y Nueva Zelanda?

El ejemplo de los tigres asiáticos remite a los casos de Corea y también de Indonesia, Malasia y Tailandia. Al respecto, el analista Eduardo Levy Yeyati destacaba recientemente: "la Argentina fue, y esperemos que siga siendo, demasiado rica para ser tigre". ¿A qué se refiere con ese comentario? A que los modelos citados del sudeste de Asia se basaron en procesos de industrialización que descansaron, en términos de competitividad, en salarios bajos, largas jornadas laborales, precariedad laboral y falta absoluta de sindicalización.

¿Y la opción de los canguros? El mismo Yeyati destaca que:

> Más recientemente, otra fantasía compite con los tigres asiáticos. La de los canguros, exportadores desarrollados de bienes primarios, como Australia y Nueva Zelanda, que fondean con la renta de los commodities la diversificación hacia servicios exportables de alta calidad. Australia importa celulares del sudeste asiático, pero a cambio exporta agromanufacturas, educación, software, y ofrece sofisticados servicios turísticos.

Los que critican la posibilidad de que Argentina pueda seguir el modelo de los "canguros" hacen especial hincapié en el hecho de que se trata de países con escasa población, es decir con un reducido mercado interno, y también en que son sociedades con un alto nivel educativo promedio y una muy equitativa distribución del ingreso. En este punto, el analista Esteban Actis, en un debate abierto con Yeyati expresaba que: "la discusión de ser tigre o canguro debe contemplar la variable social si se busca un modelo de desarrollo inclusivo. La evidencia internacional no muestra casos exitosos de canguros, con poblaciones semejantes a la Argentina".

Hay un criterio bastante aceptado en la Argentina, entre la mayoría de los investigadores, y es que el país no puede apostar únicamente por un modelo de agronegocios para exportación que esté sólo basado en los alimentos, aún bajo procesos industriales. ¿Por qué? Debido a que se trata en general de procesos intensivos en capital, es decir que requieren poca mano de obra, con lo cual no podría resolverse adecuadamente el problema del empleo en el país. El problema, como contrapartida, es que muchas veces se han estimulado producciones industriales que nunca terminan de acomodarse en términos de competitividad, con lo cual deben ser subsidiadas por el resto de los sectores productivos, afectando negativamente la competitividad sistémica.

En relación a este tema vale la pena rescatar un comentario de Enrique Martínez, ex Director del INTI (2002-2011), al expresar lo siguiente:

> La industria automotriz tiene un déficit de balance comercial de alrededor de 8.000 millones de dólares por año, sin contar el giro de utilidades al exterior de las empresas del sector. El complejo electrónico de Tierra del Fuego tiene un déficit de balanza comercial de más de 3.000 millones de dólares. Ambos sectores son, en definitiva, complejos ensambladores con casi ninguna decisión sobre desarrollos locales o innovación productiva, el escalón final de decisiones que toman empresas multinacionales.

El debate en torno al perfil industrial que más le conviene seguir a la Argentina no se agota, ni mucho menos, con los comentarios que hemos realizado. No puede negarse que el dólar fuerte de los primeros años de la post convertibilidad y algunas políticas de estímulo que se llevaron adelante (créditos subsidiados a tasas negativas, por ejemplo) contribuyeron a dar impulso a algunos sectores que continúan mostrando al presente un interesante dinamismo. Este es el caso de agroquímicos, productos farmacéuticos, equipamiento médico, industria del software, ramas vinculadas a la energía nuclear, satélites y aeronáutica, etc.

No obstante lo anterior, tal como se desprende de lo antes expuesto, y tal como destaca Ricardo Delgado:

> Bajo el formato actual de la industria argentina, el crecimiento manufacturero sigue siendo muy dependiente de bienes intermedios, de capital y de partes y piezas importadas. Los ecos de la desintegración de las cadenas de valor que se inició hace más de tres décadas siguen reverberando, y la integración tecnológica de los distintos eslabones que, en muchas ramas, aún es una tarea inconclusa.

Compartimos la visión de aquellos que sostienen que la Argentina no puede ser sólo un país agroexportador, basado sobre materias primas, alimentos y algunos otros recursos primarios (minería por ejemplo), porque en ese caso hay que decir que sobrarían varios millones de habitantes que no podrían conseguir empleo, al menos en los sectores mas dinámicos, porque la mayor parte de los mismos son, como ya dijimos, capital intensivos, es decir que requieren muy poca mano de obra.

Sin embargo, también debería estar claro que no se puede apostar a promover cualquier proceso de industrialización, como si quisiéramos revivir la Argentina de las décadas del 60 y el 70. No se puede, en parte porque ese modelo autárquico ya demostró sus inconsistencias, pero también porque el mundo funciona de otra forma, sobre todo a partir de la creación de la Organización Mundial del Comercio (OMC) a la cual Argentina adhiere.

En este punto hay que reconocer que, desgraciadamente, el gobierno Argentino durante los últimos años volvió a apostar por un modelo de reconstrucción industrial, pero sin una clara visión estratégica en términos de prioridades, perfiles de competitividad y modelos de inserción internacional (en relación al Mercosur, por ejemplo). El resultado de esto se expresa ahora en problemas como los que destaca Enrique Martínez en los párrafos precedentes.

A partir de lo anterior es posible que tengamos que reconocer que, como tantas otras veces, hemos estado dilapidando recursos en términos de subsidios sectoriales sin una clara hoja de ruta. Si el próximo gobierno decide revertir parte de lo actuado en la última década (como ya ocurrió otras veces a lo largo de nuestra historia), veremos nuevamente el cierre de diversas empresas industriales y estaremos frente a una nueva frustración. Ni tigres, ni canguros. ¿Habrá que llamarle al caso argentino, el modelo del avestruz?

2.4. Las distintas dimensiones del desarrollo

¿Cuáles son las claves para interpretar el desarrollo de un país? En un trabajo denominado *Hacia una Teoría del Desarrollo*, el analista argentino Mariano Grondona, expresaba que:

> cuando hablamos de desarrollo a secas, sin aditamentos, nos referimos a un fenómeno integral, que abarca las dimensiones económica, política y cultural de las naciones. De allí que sea legitimo imaginar el desarrollo histórico de las naciones avanzadas como un triángulo cuyos lados son el desarrollo económico, el desarrollo político en términos de democracia y el desarrollo cultural, o modernidad[5].

Bajo este planteo, a tres dimensiones, hay que considerar que se trata ciertamente de un triángulo interactivo. Ciertas condiciones culturales gravitan positiva o negativamente sobre el desarrollo económico y sobre la democracia. La economía influye positiva o negativamente sobre la cultura y sobre la política, y ésta a su vez sobre la economía y la cultura. Según quién sea el autor que tenga a su cargo el análisis concreto de una realidad, se inclinará por una de ellas como factor explicativo primario, más allá de reconocer la interdependencia de las tres dimensiones.

Llegado este punto vamos a decir que, los argumentos planteados al comienzo de este capítulo descansan primariamente en una explicación económica, de la cual se desprenden después los elementos institucionales y culturales también. El trabajo citado de Mariano Grondona descansa en cambio sobre factores primariamente culturales para explicar el relativo atraso argentino. El también mencionado trabajo del estadounidense Daron Acemoglu, en cambio, basa su argumentación para la Argentina, fundamentalmente en factores de carácter institucional. Para la visión de dicho autor, los países ricos lo son porque consiguieron desarrollar instituciones inclusivas, es decir democráticas en un sentido amplio (más amplio que la sola existencia de la democracia formal), en algún momento de su historia.

Entre los autores culturalistas, se ubica también Lawrence Harrison, que en un libro titulado *El subdesarrollo está en la mente, el caso latinoamericano*, publicado en 1985, planteaba que nuestro atraso relativo respondía a las raíces autoritarias de la cultura hispana. En este punto, el planteo descansa en que la competitividad sistémica de un país depende de creencias, valores y actitudes propias de un sustrato cultural determinado.

En cambio en *Por qué fracasan los países*, Acemoglu expresa que:

> Los derechos de propiedad seguros, las leyes, los servicios públicos y la libertad de contratación e intercambio recaen en el Estado, la institución con capacidad coercitiva para imponer orden, luchar contra el robo y el fraude y hacer que se cumplan los contratos de los particu-

5. Grondona, M., *Las condiciones culturales del desarrollo económico: hacia una teoría del desarrollo*, Buenos Aires: Editorial Ariel-Planeta, 1999, pág. 60.

lares. Las instituciones económicas inclusivas también allanan el camino para otros motores de prosperidad como la tecnología y la educación. El desarrollo económico sostenido casi siempre va acompañado de mejoras tecnológicas que permiten que las personas, las tierras y el capital existente pasen a ser más productivos[6].

Queda claro que para este autor, la pieza clave explicativa es de carácter institucional.

En este trabajo no pretendemos descubrir cuál de las dimensiones es la que prevalece en términos primarios. Sin embargo, el lector ya tendrá en claro, por el contenido de los Capítulos I y II, que este libro está escrito desde una visión claramente económica, y en clave materialista, con lo que las dimensiones cultural e institucional no dejan de formar parte del conjunto de las explicaciones, pero en un nivel subordinado a los factores económicos, y como se verá finalmente, especialmente a las relaciones de poder económico que han prevalecido a lo largo de nuestra historia hasta el presente.

Una última reflexión sobre este tema es la siguiente. Como se deduce de lo anteriormente expuesto, consideramos que los mecanismos de apropiación de la tierra están en la génesis de los problemas de la Argentina. De la distribución de la tierra surgió una distribución del ingreso fuertemente inequitativa, que a su vez generó relaciones de poder económico, que condicionaron la calidad de las instituciones en el tiempo.

Sin embargo, de lo anterior no corresponde deducir que hace falta realizar en la Argentina actual una reforma agraria. A lo largo del siglo XX el país agropecuario se fue diversificando, con lo cual los grupos de poder económico fueron mutando, a la par que la subdivisión de la tierra, por el traspaso generacional, generaba progresivamente una subdivisión en la propiedad rural.

---

6. Acemoglu, D. y Robinson, J., Op. cit., pág. 103.

ESTADO

CAPÍTULO III

De dónde venimos - Las Etapas de la Economía Argentina

> *"Equivocar los hechos del pasado es equivocar los puntos de dirección. No se sabe adónde se va, cuando no se sabe de dónde se viene".*
>
> Juan B. Alberdi

La frase precedente de Alberdi expresa algo obvio. No podemos comprender el presente si no identificamos los procesos que, a través del tiempo, gestaron la realidad actual. Ahora bien, ¿desde dónde corresponde comenzar a evaluar el proceso económico del país? Bajo el criterio que nos interesa rescatar del pasado solamente aquellos hechos que generaron consecuencias relevantes, este capítulo comienza su análisis de los procesos económicos a partir de la Organización Nacional, es decir a partir de la caída de Rosas y la creación de la Confederación Argentina, en 1852, y la posterior creación de la República, en 1862.

¿Por qué no considerar los hechos anteriores a ese momento histórico? ¿Acaso no pasó nada relevante antes de 1852? Desde ya que ocurrieron cosas, pero no nos parecen tan importantes, a la luz de los procesos económicos que nos interesa analizar. En este trabajo, y para graficar este criterio, a continuación vamos a transcribir la visión de un historiador estadounidense, Peter Smith, sobre la situación de la Argentina a mediados del siglo XIX. Es la siguiente:

> Medio siglo después de la declaración de la Independencia política, la Argentina era aún una sociedad tradicional. Prácticamente no había industrias, ni comercio, ni habitantes. El censo de 1869 mostró que apenas algo más de un millón y medio de personas vivían en un extenso territorio de más de un millón de millas cuadradas y que estaban en su mayor parte conchabadas en chacras o dedicadas a empresas rurales en pequeña escala. Unos pocos centros

comerciales punteaban en el interior y algunos ganaderos producían cueros y carne salada para la exportación. Pero en su mayor parte, las vastas y ricas pampas del interior estaban completamente inexplotadas[7].

El mismo autor, en otro espacio agrega lo siguiente:

El sistema político reflejaba este estancamiento. Mucho después de la liberación de España, la violencia seguía siendo el instrumento básico de poder. A pesar de las prescripciones legales de elecciones, la participación popular era despreciable y las decisiones políticas se adoptaban por medio de las balas antes que de los votos. Era el apogeo del hombre fuerte local[8].

¿Cruel? ¿Demasiado general? En realidad refleja la visión de un observador externo, al repasar lo que en economía denominamos "la dotación de los factores de la producción", que bajo la clasificación tradicional de un manual de economía se compone de 3 ejes, a saber: tierra, trabajo y capital. Desde esta visión, caben pocas dudas que nuestro territorio era un espacio "vacío" hacia mediados del siglo XIX.

A partir de este controvertido criterio, que hemos decidido utilizar, vamos a analizar a continuación el proceso de transformación del país desde la misma creación de la República Argentina. En ese contexto, vamos a seguir el mismo criterio de periodización de reconocidos autores como Aldo Ferrer y Mario Rapoport.

3.1. Etapa Primario Exportadora – 1862-1930

A partir del desplazamiento de Rosas, la creación de la Confederación Argentina y luego la definitiva Organización Nacional, en 1862, y en tan sólo tres décadas, la República Argentina experimentó profundos cambios, que se reflejaron en un aumento notable en la dotación de los factores de la producción ya mencionados. Habiendo multiplicado su dotación de factores de la producción, la Argentina experimentó una explosión productiva que generó incluso admiración mundial.

Por un lado, se alentó la inmigración, especialmente de origen europeo, lo cual generó un aumento muy importante en la mano de obra disponible. Como consecuencia de ello, hacia 1895 los extranjeros eran el 25% de la población total, pero representaban el 44% de la fuerza laboral, proporciones que se elevaron al 30% y 51%, respectivamente, en 1914.

Por otra parte, se produjeron fuertes aportes de capital, sobre todo de origen inglés, que fueron utilizados para desarrollar una muy importante infraestructura y diversas redes de servicios complementarios (ferrocarriles, puertos, telégrafos, bancos etc.), y

7. Smith, P., *Carne y política en la Argentina*, Buenos Aires: Hyspamérica, 1986, pág. 23.
8. Ibídem, pág. 24.

finalmente se llevó a cabo la llamada Conquista del Desierto, que desplazando a los pueblos originarios, incorporó millones de hectáreas al sistema productivo capitalista. Todo eso se hizo en pocas décadas, lo cual generó una transformación profunda en el sistema productivo.

Dicho proceso fue acompañado por cambios institucionales notables. En muy poco tiempo la República se dio una Constitución, organizó un Sistema Judicial relativamente confiable y articuló una batería de leyes que brindaron las condiciones de lo que actualmente denominamos "calidad institucional y seguridad jurídica". Todo esto, que no había podido ser articulado eficientemente desde 1810, se elaboró en muy pocos años, a partir de 1862.

¿Qué explica esta profunda y muy rápida transformación del país? ¿Habría que entender que, de manera repentina, nuestros dirigentes se iluminaron, logrando resolver los obstáculos que no se habían podido destrabar durante tanto tiempo? A nuestro juicio, la lectura más razonable apunta a considerar que, en realidad, actores externos, de manera directa e indirecta, estaban motorizando estos cambios, ya que existía un interés muy fuerte para sumar nuestro territorio al sistema productivo global.

Para entender este proceso en nuestro territorio, hay por lo tanto que comprender los cambios que se estaban produciendo en Europa particularmente y en los mercados globales en general. Ocurre que comenzaba a gestarse lo que se ha denominado división internacional del trabajo, escenario en el cual países como la Argentina estaban destinados a producir materias primas y alimentos para los mercados globales.

Esta división internacional del trabajo podía explicarse a través de las nuevas necesidades que planteaba la Revolución Industrial, que había generado cambios tecnológicos notables, sobre todo en el ámbito del transporte y las comunicaciones. Aquí no sólo importa considerar al ferrocarril y el telégrafo, sino que se habían producido también grandes cambios en el transporte marítimo, con barcos de carga que ahora podrían transportar gran cantidad de mercaderías a un bajo costo.

Con este nombre, Período Primario Exportador, suelen referirse los historiadores económicos a la etapa en la cual Argentina se sumó, productiva y comercialmente, con gran fuerza a los mercados mundiales, asumiendo un protagonismo como proveedor de materias primas e importador de productos industrializados. Un país que jugaba un rol específico en el concierto de la economía mundial, como productor en gran escala de bienes primarios, con destino a la exportación.

No hay un criterio uniforme entre los especialistas para establecer las fechas que abarca este período. Hay quienes toman desde la Organización Nacional, en 1862, hasta la crisis mundial de 1930. Otros autores, en cambio, consideran como el inicio de este período el año 1880, porque en esa fecha quedó consolidada la institucionalización del país a partir de la federalización de la ciudad de Buenos Aires y la definitiva unificación monetaria de la Argentina. En este trabajo adherimos al primer criterio.

Para que la Argentina pudiera cumplir el carácter de proveedor en gran escala de productos primarios para la economía mundial, no sólo bastaba con la potencialidad productiva de su fértil llanura. Se imponía desarrollar una infraestructura de transportes que permitiera trasladar la producción a los puertos, rápidamente y con un bajo costo, contando también con una mano de obra abundante que actuara en función a estos objetivos. La creación de la República Argentina, permitió desarrollar las leyes que institucionalizaron el país, lo cual generó la seguridad jurídica que los capitales extranjeros requerían.

El desarrollo de la red ferroviaria fue una de las llaves que permitió impulsar este proceso. En 1857 el país contaba con sólo 10 kilómetros de vías férreas, en 1887 se había ampliado a 6.700 km, en el año 1900 llegaba a 16.000 km. Y en 1914 la red ferroviaria nacional alcanzaba los 33.500 kilómetros. El proceso de inmigración, por otra parte, fue uno de los más importantes que se hayan producido en la historia del capitalismo. En el censo de 1869, la Argentina contaba con 1.737.000 habitantes; en 1929, en vísperas de la crisis del año 30, la población del país alcanzaba los 11.600.000 habitantes, lo cual implica una tasa de crecimiento anual acumulada del 3,2%.

Como ya destacamos, el fuerte proceso de inversión y una mayor dotación de recursos, generó un notable aumento de la producción. La superficie total sembrada de granos y forrajes paso de 340.000 hectáreas en 1875 a 6 millones de hectáreas en 1900 y a 20 millones en 1913. A su vez, el censo ganadero de 1888 registró la existencia de 22 millones de cabezas de vacunos y 67 millones de ovinos. Era el mismo país, que en la década de 1870, todavía importaba trigo para la producción de pan.

En ese contexto, y tal como destaca Aldo Ferrer,

> La tasa de crecimiento de las exportaciones fue del 3,8% anual entre 1875 y 1900 y cerca del 5% anual entre esa fecha y 1929. En 1900 las exportaciones agropecuarias representaban el 55% de la producción total de la región pampeana y en 1929 dicha proporción había crecido a casi el 70%. Superada la crisis de 1890 (ya mencionada en el Capítulo I) se inauguró un período muy intenso de crecimiento. Entre 1900 y 1914 la población, bajo el intenso aumento de los flujos inmigratorios, crece a una tasa del 4,2% anual, el producto bruto (PBI) a una tasa del 5,5% y el producto por habitante al 1,3% anual acumulado[9].

Como se ve, las estadísticas son realmente abrumadoras.

El país era una factoría que producía alimentos y materias primas para los mercados mundiales, con un escaso o nulo proceso de agregado de valor. Como contrapartida, la escasa industrialización planteaba una masiva importación de productos manufacturados, no sólo de bienes de capital o bienes de consumo durable, sino también de bienes de consumo. No obstante lo anterior, las estadísticas del período señalan que casi el 20% del PBI era industrial, a comienzos del siglo XX. Sin embargo, un repaso de ese número muestra que la mayor parte correspondía básicamente a frigoríficos, molinos harineros e ingenios azucareros, es decir, a procesos industriales ineludibles en términos del modelo de producción primario.

---

9. Ferrer, A., *La Economía Argentina. Desde sus orígenes hasta principios del siglo XXI*, Buenos Aires: Fondo de Cultura Económica, 2004, pág. 146.

Son particularmente gráficos dos ejemplos que muestran hasta dónde llegaba el proceso de especialización productiva de la Argentina y la escasa o nula vocación industrial por ese entonces. El ejemplo 1 es que los peones rurales en las estancias utilizaban para sus tareas habituales bombachas confeccionadas en Inglaterra. Ejemplo 2: el ejército argentino utilizaba botas para sus soldados también compradas en Inglaterra (pero hechas con cuero argentino).

No obstante lo anterior, no puede dejar de mencionarse que la primera Guerra Mundial, entre 1914 y 1918, generó un temporario desabastecimiento de productos desde Europa que implicó un incipiente proceso de industrialización, y que a partir de la década del 20 fue comenzando a visualizarse el progresivo ingreso de capitales norteamericanos, con la intención de instalar plantas fabriles en la Argentina, orientadas básicamente a abastecer el mercado interno. Sin embargo, lo anterior de ninguna manera marcó una tendencia general, solo se trató de casos particulares a nivel micro, que no afectaron las condiciones generales del sistema productivo, profundamente primarizado, en el marco de una economía abierta al mundo.

Entre tantas aristas que conviene rescatar de esta etapa histórica de la Argentina, hay una muy importante que hace a las economías regionales y a la distribución geográfica de la población en el país. El desarrollo de los ferrocarriles, en forma radial sobre el territorio con eje en los puertos de Buenos Aires y Rosario, generó una concentración de actividades productivas y un amplio desarrollo de la región pampeana, pero hirió de muerte a muchas de las industrias que se sostenían en el interior del país, y que hasta ese momento habían sobrevivido a la competencia externa por los altos costos que expresaban los fletes.

Los ferrocarriles, en gran medida controlados por capitales externos, mantenían tarifas diferenciales sobre los mismos trayectos. Como los vagones iban cargados hacia los puertos, pero volvían con menos carga a su regreso, las empresas redujeron las tarifas para las mercaderías que iban desde los puertos de Buenos Aires y Rosario hacia el interior del país (en lo que vendría a ser un ejemplo de anti política industrial).

A partir de este proceso, queda marcado el atraso relativo de muchas provincias del interior, en relación a las provincias pampeanas, lo cual se tradujo en el transcurso del tiempo en un nuevo proceso de inmigración, desde las provincias más pobres y sin capacidad para generar empleo, hacia las provincias pampeanas, y especialmente hacia los grandes centros urbanos como Buenos Aires, Rosario y Córdoba. Este proceso de emigración interno, generaría parte del proceso de transformación social, en el marco de la industrialización posterior, que daría surgimiento al peronismo, como nuevo movimiento social y político, a partir de la década del 40, en el siglo XX.

En términos de reflexión, con respecto a lo que significó este período en la historia económica del país, nos parece pertinente rescatar un comentario de Daniel Muchnik, que él mismo consideraba un tanto audaz, pero que resulta muy gráfico y es el siguiente:

> La Argentina de 1910 era como Manaos, durante el auge de la explotación del caucho, en Brasil. En esa población enclavada en el Amazonas floreció en la segunda mitad del siglo XIX una ciudad imponente, con una Opera famosa, palacetes y gran actividad comercial, en me-

dio de la selva tropical. Cuando el caucho fue desplazado por materiales sintéticos, Manaos decayó hasta que la jungla se apoderó de los palacios y esculturas. Algo parecido le ocurrió a la Argentina[10].

3.2. Etapa de Sustitución de Importaciones – 1930-1976

A lo largo de todo este libro, quedará muy claro nuestro esfuerzo por intentar demostrar el fuerte vínculo existente entre los ciclos de la economía mundial y el desempeño económico de la Argentina. Sin embargo, en el período que ahora nos ocupa, entre los golpes militares de 1930 y de 1976, está claro que esa influencia, si bien siguió existiendo, fue menos fuerte que en otras etapas, antes y después de la considerada.

Esto se debió a que fue la propia economía mundial la que generó las condiciones para un escenario menos globalizado, donde la mayor parte de los países aplicó medidas proteccionistas y le dio más prioridad a su mercado interno que a los flujos internacionales. No sólo el intercambio de bienes se hizo menos dinámico, sino que también el movimiento de capitales tuvo más trabas y perdió fluidez. En este contexto, el escenario internacional siguió condicionando el funcionamiento de la economía argentina, pero de una manera menos contundente.

Pero ubicándonos en el mismo inicio del período, hay que decir que a fines de la década del 20 se produjo una crisis económica de carácter internacional que generó profundas trasformaciones en los circuitos comerciales de todo el mundo y que, consecuentemente, obligó a cambios muy significativos en las actividades productivas de cada país. La llamada Crisis del 30 produjo en los Estados Unidos, por ejemplo, una caída del 30% en el nivel de actividad económica y una tasa de desempleo que superó el 25%.

Frente a los crecientes problemas sociales que se generaron en el marco de esta crisis, la mayor parte de los países desarrollados optó por aplicar políticas proteccionistas que afectaron negativamente el comercio mundial. Como era de prever, los efectos de este nuevo escenario sobre el sistema productivo argentino fueron profundos. Entre 1929 y 1934, nuestro país perdió el 41% de su poder de compra externo y las importaciones se redujeron casi a la mitad.

Como resultado de este proceso, los precios de los productos primarios que la Argentina colocaba en los mercados internacionales se derrumbaron. El país perdió poder de compra, y frente a esto, se vio obligado a sustituir progresivamente parte de su importación exterior por producción interna. A esto se debe que muchos analistas denominen a esta etapa de la historia del país como el Período de Sustitución de Importaciones.

Por otra parte, en este nuevo contexto el gobierno nacional comenzó a tener una injerencia cada vez mayor en los procesos económicos. Se aplicaron crecientes regulaciones a las actividades productivas y se impulsó decididamente la industrialización del país, especialmente desde mediados de la década del 40. En el marco de estas políticas,

10. Muchnik, D., Op. cit., pág. 168.

se propició una importante redistribución de los ingresos a favor de los sectores asalariados, con el objeto de fortalecer el funcionamiento del mercado interno.

El proceso de industrialización se dio en primera instancia de manera espontánea, debido a lo cual se concentró en los llamados bienes de consumo. Recién a partir del primer gobierno de Perón, el gobierno nacional se involucró abiertamente en el proceso de industrialización. Se llevó a cabo el llamado Primer Plan Quinquenal, a partir de 1947, que expresó un esfuerzo por completar el proceso correspondiente a la por entonces denominada industria liviana. Bajo la segunda presidencia de Perón, se impulsó el Segundo Plan Quinquenal, que apuntaba a desarrollar la denominada industria pesada, con lo cual se pensaba integrar todos los eslabones del proceso industrial.

En realidad, el proceso de desarrollo de la industria pesada quedó inconcluso en el peronismo, que fue derrocado en 1955, y fue esa la posta que intentó tomar Arturo Frondizi a partir de 1958, en lo que dio en llamarse precisamente el Desarrollismo. Con mayor o menor énfasis, el intento de industrializar al país fue parte del esfuerzo de casi todos los gobiernos, civiles o militares, que se sucedieron a lo largo de este período.

Por diversas razones que exceden el espacio de este trabajo, queda claro que dicho esfuerzo no pudo completarse exitosamente, lo cual trajo aparejadas diversas distorsiones sobre el funcionamiento de la actividad económica, que fueron minando la productividad del sistema productivo en su conjunto, lo cual se tradujo en inflación, una creciente puja distributiva y progresiva pérdida de competitividad del país frente a los mercados internacionales, todo lo cual hizo eclosión a mediados de la década del 70.

Una etapa de la historia marcada por un explícito intento de industrializar al país, tuvo inevitablemente la impronta de una fuerte intervención estatal. Todo el período muestra una creciente participación del Estado en la actividad económica, a través de las empresas públicas, pero también a través de fuertes políticas de intervención y regulación de los mercados, en un intento por fortalecer el mercado interno y protegerlo de las importaciones extranjeras.

En este punto vale la pena una reflexión con respecto a la distribución de los ingresos y el rol de los salarios en el sistema productivo de un país. Cuando la apuesta fue la industrialización, a través de empresas que operaban básicamente en el mercado interno, los salarios más altos son los más convenientes. ¿Por qué? Debido a que se los mira como parte de la demanda interna. Eso explica que este período de la historia argentina se caracterice por una distribución muy equitativa, en gran parte debido a una política de altos salarios.

Como veremos en el punto siguiente, cuando se aplican políticas de apertura económica y se plantea un esquema de competencia con el sector externo, los mejores salarios pasan a ser los más bajos, ya que las mismas empresas ahora ya no tienen como prioridad el mercado interno, sino el mundo, y en ese contexto la clave es reducir los costos, incluyendo, obviamente en dicho análisis los costos salariales.

Esto explica que en la etapa que llamamos de Sustitución de Importaciones, la política económica apostara por los salarios altos, y que en la etapa siguiente el esfuerzo estuviera planteado en la llamada flexibilización laboral, es decir en la reducción de los costos laborales. Esta misma lógica explicativa nos conducirá al análisis, en el Capítulo

V, de por qué el gobierno kirchnerista, también apostó nuevamente a los aumentos salariales y a un esquema de redistribución del ingreso que impulsara el consumo interno.

El final de este período, tuvo como hecho detonante lo que se ha dado en llamar el Rodrigazo, durante el gobierno de Estela Martínez de Perón. Ante el peligro inminente de una cesación de pagos, el ministro Celestino Rodrigo decidió llevar a cabo una fuerte devaluación del peso que, en el marco de la delicada situación que atravesaba el país, generó un incontenible proceso inflacionario (los precios subieron ese año un 192%) lo cual deterioró fuertemente los salarios e hizo retroceder visiblemente los niveles de actividad productiva. Esta situación de desmanejo afectó la estabilidad del gobierno y contribuyó, junto a otros problemas, a "crear" las condiciones para el golpe militar de marzo de 1976.

Ahora bien, ¿acaso los ciclos externos no tuvieron en este proceso nada que ver? ¿El descalabro económico que atravesó el país en 1975 sólo puede ser explicado desde la inoperancia del gobierno nacional? En realidad, los ciclos externos estaban jugando aquí también algún rol. En 1973 se había producido un fuerte golpe en los precios internacionales del petróleo, a partir de una decisión de la Organización de Países Exportadores de Petróleo (OPEP), lo cual afectó los costos de producción en casi todo el mundo e impulsó un proceso inflacionario a nivel global. Nuestro país quedó ciertamente desacomodado en ese escenario. Digamos al respecto que parte de la aceleración de la inflación que se experimentó desde 1974, tenía que ver ciertamente con este proceso.

3.3. La Hegemonía Neoliberal – 1976-2001

El golpe militar de 1976 marca un punto de inflexión en el funcionamiento de la economía argentina. El Ministro del área que asumió en dicho gobierno, Martínez de Hoz, resumía de la siguiente manera su diagnóstico sobre los problemas del país:

> En las últimas décadas la evolución económica de la Argentina se caracterizó por dos orientaciones preponderantes: en primer lugar, la estatización y regulación creciente de la economía y la asunción por el Estado de funciones propias del sector privado, lo que trajo como consecuencia no sólo el relativo ahogo o falta de aliciente individual, sino también un aumento del gasto público que no fue correspondido por un crecimiento paralelo de los recursos estatales.
>
> En segundo término, los principios de autarquía que se aplicaron en el país llevaron a un esquema de economía cerrada que lo aisló de toda corriente innovadora en materia de tecnología y sistemas productivos. Este aislamiento alentó el desarrollo de actividades sobreprotegidas que afectaron el nivel de vida de la población y trabaron el crecimiento nacional al impedirle sus altos costos el acceso a los mercados internacionales que hubiera permitido lograr la economía de escala necesaria para una industria fuerte, eficiente y competitiva[11].

---

11. Martínez de Hoz, J. A., *Bases para una Argentina moderna, 1976-80*, Buenos Aires, edición del autor, 1981, pág. 21.

A partir del diagnóstico arriba mencionado, el gobierno militar decidió llevar adelante un plan económico de tinte liberal, diseñado y conducido por José Alfredo Martínez de Hoz, que se instrumentó en dos etapas, abril de 1976 y diciembre de 1978. Los ejes centrales de este programa fueron los siguientes:

a) Una mayor apertura económica, mediante la rebaja de impuestos a las importaciones.

b) Desregulación de los mercados, especialmente a través de la flexibilización de la inversión privada extranjera.

c) Disminución de la participación del Estado en la economía.

d) Una política de atraso cambiario ("dólar barato").

Los cuatro ejes planteados arriba expresan, en forma resumida, una batería de medidas tendientes a priorizar la lucha contra la inflación, objetivo que pudo cumplirse sólo en forma parcial. La tasa de inflación que en el año 1976 se ubicó en torno al 349%, sólo pudo retroceder al 87% en el año 1980, para situarse en el año 82 en el 207%, lo cual expresa en realidad que, durante todo este período, la tasa de inflación permaneció en valores muy altos, a pesar de las aspiraciones de la política oficial.

Queda claro además, que el proyecto apuntaba a tirar abajo el proceso de industrialización impulsado en las décadas anteriores. La combinación de la baja de los aranceles de importación y un "dólar barato" alentó un fuerte aumento en las importaciones que dejó descolocada a gran parte de la industria nacional, en términos de competitividad. Todo indica que el proyecto de Martínez de Hoz aspiraba a volver a situar a la Argentina como un país especializado en la producción de materias primas y alimentos, en el marco de una economía abierta, sin una mayor base industrial.

Llegado este punto conviene destacar un eje de análisis muy importante: cada vez que la Argentina se empeña en sostener un "dólar barato", el resultado, desde el punto de vista productivo, es que queda configurada en el país una estructura de precios relativos en la cual la rentabilidad resulta asociada básicamente a las empresas de servicios, pero en contra de los sectores de bienes transables, donde se destacan básicamente el sector agropecuario y la industria.

Este fue el escenario que quedó planteado claramente durante esta etapa de la historia del país, y que se repetiría luego en la reciente década del 90. En este marco, el sector "estrella" fue el de la intermediación y especulación financiera, lo cual se tradujo en un fuerte aumento en el número de entidades bancarias y en la apertura de una gran cantidad de sucursales, especialmente en el interior del país.

Adicionalmente a lo anterior hay que considerar otra importante línea de análisis que es la siguiente: cada vez que en la Argentina los precios relativos de la economía castigan, en términos de rentabilidad, a los sectores directamente productivos (generalmente a través de la disminución de aranceles y un "dólar barato"), el país comienza a "vivir de prestado", lo cual se refleja en el deterioro progresivo de la Cuenta Externa, la llamada Cuenta Corriente del Balance de Pagos, que expresa el resultado del intercambio de bienes y servicios con el resto del mundo.

La manera más habitual de sostener el rojo que expresan las cuentas externas del país es apelando el endeudamiento. Esto explica que haya sido precisamente en esta etapa que se consolidará la famosa Deuda Externa de la Argentina, que pasó de 8.000 millones de dólares a comienzos de 1976 a 45.000 millones en el año 1983. Desde entonces, y a raíz de la magnitud del endeudamiento generado, el país quedaría fuertemente atado a los programas de ajuste controlados por el Fondo Monetario Internacional (FMI).

Desde lo productivo, es muy evidente que el resultado de las políticas aplicadas durante la última dictadura militar fue ciertamente desastroso. En 1983 el producto por habitante era un 20% menor que en 1975, el PBI total era inferior al de 1974, la industria manufacturera había retrocedido aproximadamente un 12% y la construcción el 28%. La participación de los asalariados en el Ingreso Nacional había descendido del 45% en 1974 al 26% en 1983.

Con esta pesada herencia, y en el marco del restablecimiento de las instituciones democráticas, fue que tuvo que asumir la presidencia del país Raúl Alfonsín. Adicionalmente, debe considerarse que a esta delicada situación interna se le sumó un escenario internacional claramente desfavorable (ya comentado en el Capítulo I). En primer lugar debe destacarse que se produjo un progresivo aumento de las tasas de interés internacionales, que complicaron el acceso al crédito para el país y acrecentó a su vez la carga de la Deuda Externa. En segundo lugar se produjo por estos años una baja persistente en los precios de las materias primas a nivel mundial, lo cual perjudicó abiertamente el comercio exterior argentino.

En semejante contexto, el gobierno de Alfonsín no pudo controlar adecuadamente las variables macroeconómicas, lo cual desembocó en un escenario de inestabilidad que aceleró a su vez los problemas de gobernabilidad. Todo se desbarrancó a comienzos de 1989. Entre febrero y agosto los precios subieron 1.700%, el tipo de cambio se devaluó casi cuatro veces y los salarios reales cayeron un 30%. La monetización de la economía se desplomó y la fuga desde el austral hacia el dólar sancionó la debacle del sistema financiero.

Muchos autores han caracterizado a la década del 80, desde lo económico, como la década perdida. Aldo Ferrer destaca al respecto lo siguiente:

> Se produjo en este período una fuerte contracción de la producción, el deterioro de las condiciones sociales y crecientes presiones inflacionarias, estas últimas derivadas de la impotencia de los gobiernos para generar excedentes primarios en las cuentas públicas para trasferir al exterior los servicios de la deuda. Estos terminaron financiándose con déficit público y emisión monetaria crecientes, que hicieron estallar la estabilidad de precios y multiplicar las presiones inflacionarias[12].

A raíz de todo esto, Raúl Alfonsín renunciaba a la presidencia y asumía anticipadamente Carlos Menem, en julio de 1989.

En respuesta a la situación dejada por Alfonsín, y en sintonía con los lineamientos establecidos para toda Latinoamérica en el llamado Consenso de Washington, al comenzar la década del 90 se instrumentó nuevamente en la Argentina un plan de claro tinte

12. Ferrer, A., Op. cit., pág. 315.

liberal, cuya dirección estuvo a cargo de Domingo Cavallo, bajo la presidencia de Carlos Menem. Los tópicos centrales del programa aplicado fueron los siguientes:

• Apertura económica, básicamente a través de la disminución de los aranceles de importación.

• Desregulación de los servicios y eliminación de los organismos de regulación estatal.

• Reforma del Estado, incluyendo una agresiva política de privatizaciones.

• Ley de Convertibilidad (tipo de cambio fijo y respaldo en dólares de la "Base Monetaria").

En términos del comportamiento de las variables macroeconómicas, la política instrumentada especialmente a partir de abril de 1991, mostró un primer ciclo marcadamente positivo, que podemos ubicar entre 1991 y 1994 inclusive. Durante este período el nivel de actividad (medido a través del PBI) creció aproximadamente un 32%, el consumo aumentó un 46%, a la par que los precios internos se disciplinaban progresivamente. En relación al problema de la inflación, que era la parte más relevante en términos de objetivos de la política económica, los resultados fueron espectaculares. De una tasa de inflación del 1.344% en 1990 (medida por el índice de precios al consumidor) se pasó a una del 84% en 1991, y del 17% en 1992, 7,4% en 1993 y tan sólo un 3,9% en 1994.

Este escenario fue visualizado como muy positivo por amplias franjas de la sociedad argentina. La recuperación de la estabilidad, las favorables condiciones para el ingreso de capitales y el mejoramiento de los salarios reales, configuraron un escenario propicio para una mejoría del consumo interno y la inversión privada, que motorizaron la expansión económica, junto a la reaparición del crédito.

Hay que destacar que, durante estos años, también el escenario internacional, que había sido desfavorable para el país durante la mayor parte de la década del 80, cambió de signo y comenzó a jugar a favor de un nuevo ciclo expansivo. Lo más destacado fue el aumento progresivo de los precios de las materias primas a nivel mundial y la disminución gradual de las tasas de interés, que incentivaron a los capitales internacionales a ingresar con más fuerza a los países periféricos.

Adicionalmente a lo anterior, también debe considerarse que la estabilidad interna, el ingreso de capitales y la recuperación de los salarios reales, contribuyeron a rehabilitar el crédito a mediano y largo plazo, que había estado prácticamente ausente en la Argentina desde mediados de la década del 70. Esto también ayudó a motorizar fuertemente el consumo y la inversión, en un contexto de amplio desarrollo del sistema financiero.

El aumento del consumo y la inversión privada fueron las claves explicativas del vigoroso comportamiento del nivel de actividad económica del país durante los primeros años de la convertibilidad. Sin embargo, se trataba de un crecimiento que a su vez planteaba una advertencia. En gran medida este aumento del consumo y la inversión se explicaba a partir de un fuerte incremento en los niveles de endeudamiento, tanto público como privado. Por otra parte, también debe destacarse que este desarrollo en la actividad económica se dio en el marco de un preocupante aumento de la tasa de desocupación y de una fuerte redistribución regresiva del ingreso, lo cual amplió aún más la brecha existente entre ricos y pobres.

Desgraciadamente, el escenario internacional dio un giro y volvió a cambiar profundamente a partir de mediados del año 97, con lo cual se revirtió el ciclo positivo que la economía argentina había experimentado desde 1991. Esto se debió a que una importante crisis mundial comenzó a gestarse en algunos países del sudeste asiático (básicamente en Indonesia, Malasia y Tailandia), problemas que luego se trasladarían a muchos otros países del orbe a lo largo del año 1998 (entre los casos más importantes se destacaron Rusia y Brasil).

Esta crisis, como ya se expresó en el Capítulo I, generó un proceso de visible desaceleración en la economía mundial, lo cual a su vez impactó negativamente en el desempeño de la economía argentina. Los efectos más relevantes sobre nuestro país fueron los siguientes:

a) La economía mundial se desaceleró, lo cual afectó negativamente el precio de las materias primas en el ámbito internacional. Esto afectó negativamente el nivel de las exportaciones argentinas, fuertemente concentradas en la venta de granos, harinas, aceites, pellets, etc.

b) La mayor incertidumbre planteada en los mercados mundiales generó un aumento en las tasas de interés internacionales. Esto planteó un problema serio para nuestro país, que como ya se ha explicado "vivía de prestado" y cuya deuda internacional estaba básicamente pactada a tasas de interés variables.

c) El dólar se trasformó, a nivel internacional, en un refugio de valor para muchos inversores, con lo cual comenzó un proceso de revaluación muy importante de dicha moneda frente al resto de las monedas del mundo, con la especial excepción del peso argentino, cuya cotización estaba rígidamente atada al dólar a través de una "intocable" norma legal, la Ley de Convertibilidad.

El problema de esta situación radica en el hecho de que cuando la moneda de un país tiende a revaluarse, los bienes que ese país produce tienden a perder competitividad externa. A partir de esta situación se explica el creciente deterioro de las cuentas comerciales de nuestro país desde 1998 en adelante. El nivel de exportaciones comenzó a debilitarse mientras que a la par se producía un aumento incontrolable de importaciones.

d) La crisis global terminó afectando también a Brasil. Este país era ya por entonces el principal socio comercial de la Argentina, debido a las ventajas arancelarias que se habían generado desde la creación del Mercosur. La crisis generó en Brasil una fuerte recesión, que afectó negativamente las compras hacia la Argentina y creó las condiciones para que los excedentes productivos de aquel país pudiesen volcarse hacia el nuestro.

Los cuatro factores combinados mencionados más arriba, generaron un cóctel casi explosivo sobre los sectores productivos de la Argentina. A partir de mediados de 1998 el país ingresó en un escenario recesivo que no abandonaría hasta que la convertibilidad estallara y se sinceraran así los precios relativos, a los efectos de recuperar los niveles de competitividad perdidos.

Mientras tanto y a partir de 1998, los efectos negativos de la inestabilidad produjeron sobre el aparato productivo y el país en su conjunto los siguientes efectos: caída del nivel de actividad económica, paralización de la inversión, aumento de la desocupación y precarización laboral, pobreza y marginalidad, desindustrialización y primarización del aparato productivo, creciente déficit fiscal, disminución del consumo y también tasas negativas de inflación, algo que la economía argentina no había experimentado durante muchas décadas. Estamos hablando, probablemente, del proceso de deterioro productivo y social más grande de la historia del país, incluyendo la crisis del 30.

Más allá de los ciclos antes descriptos, creemos que vale destacar algunos aspectos relevantes sobre lo ocurrido durante todo este tiempo. Son los siguientes:

a) Al igual que en la etapa de la Dictadura Militar, asistimos aquí a un escenario en el cual los precios relativos de la economía quedaron alineados a favor de los sectores de servicios y en contra de los sectores directamente productivos, como la industria y la agricultura.

b) La progresiva caída en los márgenes de rentabilidad fue obligando a muchas empresas a elaborar estrategias que apuntaban a reducir costos a través de aumentos en la escala de producción, lo cual fue convalidando un proceso de concentración en muchas ramas productivas. Este fenómeno fue especialmente notable en el sector agropecuario, con lo que se asistió a la desaparición de miles de productores, especialmente en la región pampeana.

c) La necesidad de muchas empresas de enfrentar la caída de los márgenes de rentabilidad vía aumento de la escala de producción o mejoras en la tecnología, las obligó a demandar apoyo crediticio, lo cual fue aumentando los niveles de endeudamiento. Desde 1998 en adelante, los índices de morosidad fueron creciendo peligrosamente poniendo en riesgo no sólo la viabilidad de muchas empresas sino también generando un alto nivel de riesgo en el sistema financiero mismo, situación que terminaría colapsando a fines de 2001.

d) Las cuentas del Sector Público, en todos los niveles, continuaron operando en un contexto de alta fragilidad. A partir de 1998 la recaudación impositiva comenzó a deteriorarse debido a los efectos de la recesión, mientras que por el otro lado se hizo necesaria una mayor intervención del Estado para hacer frente a la creciente conflictividad social. Todo esto se tradujo en visibles aumentos del déficit fiscal, que multiplicaron el endeudamiento público. Semejante cuadro no hizo más que agravar la calidad de los servicios y las remuneraciones de los agentes del Estado.

Cuando Carlos Menem entregó la banda presidencial al gobierno de la Alianza, en la figura de Fernando de la Rúa, en diciembre de 1999, una parte de la sociedad albergaba la expectativa de que el rumbo depresivo del sistema productivo pudiera revertirse. Sin embargo, nada de esto ocurrió. El gobierno de la Alianza no fue capaz de interpretar la magnitud de los problemas que tenía encima, y la política económica instrumentada siguió transitando más o menos los mismos carriles que en el período de Menem.

Bajo presión de los Organismos Internacionales, y a través de la tutela del FMI, el argumento esgrimido por el gobierno era que, para hacer frente al fuerte proceso recesivo, la solución pasaba por instrumentar un fuerte ajuste fiscal, con bajas importantes en el gasto público y un aumento sustancial en la presión impositiva.

Cualquier alumno de economía básica, introductoria, podría darse cuenta que semejante estrategia no haría más que profundizar la recesión, ya que lo que se planteaba contradice los principios más elementales de las recomendaciones de las llamadas políticas anti cíclicas. ¿Cuál era el argumento del gobierno para sostener semejante receta? Uno que seguía la siguiente secuencia lógica, a saber:

a) Un fuerte ajuste fiscal mostraría al mundo la seriedad de la Argentina para enfrentar la crisis con responsabilidad.

b) Dicha señal de seriedad generaría más confianza en la Argentina, con lo cual los capitales internacionales volverían a ingresar al país.

c) El regreso de los capitales externos generaría una recuperación de la liquidez bancaria, que haría bajar las tasas de interés en el sistema financiero.

d) Las bajas en las tasas de interés recrearían el crédito, tanto para consumo como para inversión, con lo cual la economía recuperaría progresivamente su nivel de actividad económica, saliendo así de la recesión y recuperando los niveles de empleo.

Tal vez algún lector pueda estar pensando que alguna animosidad manifiesta del autor de este libro sobre el gobierno de Fernando de la Rúa, explica que los párrafos anteriores constituyan una lectura distorsionada de lo que realmente pensaba realmente el gobierno en ese momento. No es así, la secuencia anterior fue explicitada por el gobierno en reiteradas oportunidades en forma pública. ¡Creer o reventar!

En realidad, el cóctel que había generado la crisis internacional sobre la economía argentina era imposible de revertir con sólo una señal de confianza hacia los mercados. La pérdida de competitividad de los sectores productivos orientados a la producción de bienes transables era tan fenomenal que no podía resolverse sin una modificación del tipo de cambio, es decir sin salir de la convertibilidad.

La salida alternativa era propiciar una fuerte deflación de los precios internos, que se expresara en una recuperación de la competitividad empresarial vía reducción de costos. El problema era que un escenario deflacionario (inflación negativa) sólo puede plantearse en un contexto macroeconómico recesivo. De hecho era lo que venía ocurriendo desde el año 1999. ¿Cuál era el problema de seguir este camino? Que para recuperar la competitividad vía deflación, había que seguir apostando al proceso recesivo por varios años más.

El programa económico que tal vez parecía viable en la computadora de algún técnico del FMI, se demostró absolutamente inviable en la calle, en la sociedad argentina, lo cual finalmente fue generando el escenario para los estallidos sociales que terminaron volteando al gobierno de Fernando de la Rúa en diciembre de 2001.

¿Acaso nadie fue capaz en el gobierno de Fernando de la Rúa de ver cómo la noche se les venía encima? Llegado este punto, vamos a intentar un hilo explicativo diferente al habitual, pero sin el cual resulta casi imposible comprender lo que ocurrió. Ese hilo explicativo tiene que ver con los intereses sectoriales y las relaciones de poder.

Cuando Carlos Menem instrumentó el Plan de Convertibilidad junto a Domingo Cavallo, en 1991, quedaron alineados a favor del gobierno los principales grupos económicos del país, que incluso conformaron una agrupación de apoyo explícito a la gestión oficial que se denominó el Grupo de los 8 (Sociedad Rural, Unión Industrial Argentina, Cámara de la Construcción, Asociaciones de Bancos, etc.).

Este apoyo masivo de los grupos económicos más concentrados hacia Menem tuvo un quiebre a partir de la crisis internacional en el año 1998, que analizamos previamente. En ese nuevo contexto, ya no todos los grupos económicos se visualizaron como ganadores. Los sectores vinculados a los sectores de servicios (sistema financiero, empresas de servicios privatizados a la cabeza) siguieron apoyando al gobierno, mientras que los sectores vinculados a los bienes transables (sector agropecuario y Unión Industrial a la cabeza) se sintieron perjudicados y comenzaron a criticar abiertamente la política económica.

Cuando se produce el cambio de gobierno, con el ingreso de Fernando de la Rúa a la presidencia, lo que hay que decir es que no se produjo un cambio en el alineamiento de los grupos económicos. Todo lo contrario, los grupos económicos que apoyaron, y entornaron al gobierno de la Alianza, eran los mismos que habían apoyado a Carlos Menem. Eso explica que el cambio de gobierno no implicara, en absoluto, un cambio de criterio con respecto a la política económica. Lo que hubo fue una clara continuidad, en materia de política económica, debido a que los grupos de poder en torno al gobierno eran prácticamente los mismos.

Los últimos meses de la convertibilidad previos al estallido final, en diciembre de 2001, fueron ciertamente dramáticos, y caracterizados por una fenomenal fuga de capitales que el gobierno intentó sostener con aportes extraordinarios de parte de los Organismos Internacionales, y especialmente del FMI, aportes que fueron insuficientes para evitar el colapso (los llamados Blindaje y posteriormente el Megacanje).

En ese contexto, resulta muy ilustrativo el comentario realizado por Michael Mussa, funcionario del FMI, que en el año 2002, publicó un libro que contenía muy fuertes reflexiones sobre aquellos críticos momentos. En dicho libro, Mussa destaca que:

> hacia agosto de 2001 las perspectivas de un resultado favorable eran pura fantasía y una recuperación económica era imposible. Observando los hechos, una amplia gama de analistas no pertenecientes al Fondo (y varios del Fondo) concluyeron palmariamente que el partido se había terminado para la Argentina. Solamente un tonto hubiera llegado a una conclusión diferente[13].

¿Leyó usted bien? En agosto de 2001 todo el mundo sabía que la Argentina estallaría, más tarde o más temprano. Sin embargo, dentro del país, tanto el gobierno como algunos medios masivos de comunicación, siguieron vendiendo un relato distinto, hasta el último día. Tal actitud de parte del gobierno se puede entender, y de parte de los medios de comunicación, en realidad también, aunque por razones menos obvias, que desgraciadamente escapan al contenido de este trabajo.

13. Mussa, M., *La Argentina y el FMI. Del triunfo a la tragedia*, Buenos Aires: Editorial Planeta, 2002, pág. 77.

NINO MENARDO

CAPÍTULO IV
Las Teorías Económicas y su aplicación a la Realidad Argentina

"Tengamos cuidado, porque la superstición de la causa única, en historia, es a menudo la forma insidiosa de la búsqueda del culpable, es decir, del juicio de valor".

Marc Bloch

4.1. David Ricardo y la Sociedad Rural de Buenos Aires

Desde el punto de vista del pensamiento social hay que expresar que este libro está escrito en clave materialista, lo cual quiere decir que consideramos que las ideas no preceden a la realidad, sino que la realidad condiciona las ideas, en un contexto histórico determinado. A partir de lo anterior, también pensamos que las doctrinas económicas no generan políticas económicas a partir de un análisis abstracto. La mayor parte de las teorías económicas fueron elaboradas para tratar de explicar una realidad concreta, y en todo caso, para tener herramientas a los efectos de transformar dicha realidad.

Está fuera de toda discusión que los grupos que detentaban el poder en la Argentina durante el llamado Período Primario Exportador, es decir, desde mediados del siglo XIX hasta la crisis de 1930, eran ideológicamente liberales, salvo contadas excepciones. En ese contexto, la llamada Generación del 80, hizo un verdadero culto a la teoría económica elaborada desde la Escuela Clásica Inglesa, en la cual sobresalieron autores como Adam Smith, David Ricardo y John Stuart Mill.

Si bien Adam Smith es el autor más reconocido del período, el autor que generó más consecuencias en relación al proceso productivo en la Argentina fue sin lugar a dudas David Ricardo (1776-1823) en cuya obra cumbre, *Principios de Economía Política y Tributación*, publicada en 1817, se explica la Teoría de las Ventajas Relativas, aplicadas al comercio internacional. ¿Qué dice la teoría? Que no conviene que cada país produzca todo tipo de bienes, sino que lo más razonable es que cada país se especialice en aquellas producciones que mejor sabe hacer, a partir de sus costos de producción y su dotación de factores.

Como ocurre casi siempre, Ricardo no escribió descolgado de una realidad concreta, sino que su teoría apuntaba a explicar el camino que le convenía transitar a Inglaterra en el marco de la incipiente Revolución Industrial. Ocurre que, a comienzos del siglo XIX, la industrialización de Inglaterra estaba generando una mayor demanda de trabajadores en la industria, y por lo tanto se estaba generando un proceso de emigración desde el campo a la ciudad, a la par que una mayor demanda en el mercado laboral empujaba los salarios hacia arriba, tanto en el sector urbano como en la actividad agropecuaria.

Por ese entonces, Inglaterra tenía una legislación que protegía la actividad agropecuaria nacional, impidiendo el ingreso de alimentos, particularmente granos, desde el exterior. ¿Qué propuso David Ricardo? Que había que liberar las importaciones de granos desde el exterior. Esto tendría dos efectos beneficiosos sobre Inglaterra. En primer lugar abarataría el costo de los alimentos, con lo cual los salarios podrían ser un poco más bajos (la mayor parte del salario se destinaba, por ese entonces, a la compra de alimentos).

Por otro lado, al debilitar la rentabilidad de los agricultores ingleses, aceleraría el proceso de emigración de los trabajadores desde el campo a la ciudad.

Para David Ricardo las cosas estaban bastante claras. ¿Dónde le convenía a Inglaterra tener ubicada su mano de obra? ¿Trabajando en el campo, sembrando trigo, por ejemplo, o en una fábrica, en la construcción de trenes, para vender en el resto del mundo? A Inglaterra, que había adquirido una ventaja tecnológica sobre el resto del mundo en productos industriales, claramente le convenía que sus trabajadores estuvieran empleados en la industria, y no en el campo. Ahora bien, ¿quién produciría los alimentos, si los trabajadores ingleses estaban en las fábricas? La respuesta es fácil, lo harían trabajadores de otros países, en otra parte del planeta, como Argentina, Australia, Canadá, etc.

Ya hemos dicho que la clase dirigente argentina, en la segunda mitad del siglo XIX, adhirió eufóricamente a la Teoría Liberal Inglesa, que planteaba la conveniencia de que cada país se especializara en lo que mejor podía hacer. En ese contexto, el rol que le tocaba jugar a la Argentina, como ya hemos visto en el Capítulo III, era producir materias primas para la exportación, particularmente para Europa, inmersa en el proceso de la Revolución Industrial, e importar los productos manufacturados.

¿Acaso nadie planteó algo distinto durante todos esos años? Pues sí. Es relativamente conocido que, con motivo del debate parlamentario sobre la Ley de Aduanas en 1875, un grupo de intelectuales y políticos, encabezados por Carlos Pellegrini, Dardo Rocha, Vicente Fidel López y Miguel Cané, plantearon en el Congreso de la Nación, la conveniencia de evaluar algún proceso de industrialización para el país.

En el marco de ese debate, Carlos Pellegrini alertó sobre las consecuencias negativas para la Argentina del hecho de que nos transformáramos en una mera "granja de las grandes naciones manufactureras". Como era de esperar, les fue muy mal con el planteo. Fueron tratados prácticamente de ignorantes. Al menos en la Argentina, y por esa época, la teoría de David Ricardo no se podía discutir.

Mientras tanto, y desde el punto de vista de la teoría económica, a fines del siglo XIX la Escuela Clásica Inglesa fue progresivamente reemplazada por la llamada Escuela Neoclásica, donde sobresalieron autores como Alfred Marshall, William Jevons, León Walras, Vilfredo Pareto, etc. Sin embargo, los fundamentos de la teoría internacional de David Ricardo no fueron cuestionados, sino más bien ratificados. La teoría económica dominante seguía pensando que los mercados se autorregulaban, y que la libertad económica era la mejor receta para promover el bienestar general. En ese marco, la intervención estatal estaba ciertamente muy mal vista.

En realidad, la nueva Teoría Neoclásica era tan liberal y proclive a la libertad de los mercados como la Escuela Clásica. Sólo cambiaban las herramientas de análisis. Las conclusiones seguían siendo más o menos las mismas. Para la dirigencia política y económica en la Argentina, tampoco hacía falta cambiar nada. Libertad de mercados, escaso rol del Estado, especialización productiva, y los principales resortes de la actividad económica del país en manos extranjeras.

4.2. Keynes, Prebisch y Perón

Sin embargo, la realidad obligó a cambiar el libreto cuando llegó la crisis internacional de 1930, que afectó a todo el mundo, pero especialmente a Estados Unidos y Europa. Un escenario recesivo con alta desocupación, y por lo tanto con crecientes conflictos sociales, fueron obligando a los gobiernos a aplicar políticas activas e intervencionistas en forma creciente. La Teoría Liberal no podía explicar lo que estaba ocurriendo, con lo cual mucho menos podían plantear estrategias razonables para enfrentar la crisis.

Fue en este contexto, que apareció la Teoría General de Keynes, cuyo libro aparecido en 1936, planteó un verdadero cambio de paradigma, en relación a las políticas económicas y el rol del Estado en una sociedad capitalista. El analista argentino Juan Carlos de Pablo resume las distintas reacciones que generó Keynes de una manera irónica al expresar que:

> En cierto sentido, a Keynes no lo quiere nadie. No lo quieren los marxistas, porque encontró cómo salvar al sistema capitalista sin que la intervención estatal llegue al 100% y no lo quieren los conservadores porque salvó al sistema capitalista al precio de legitimar la intervención estatal[14].

¿Qué pasó en la Argentina en ese contexto? Ya vimos en el Capítulo III cómo la clase dirigente, tuvo, a regañadientes, a partir de la década del 30, que aplicar políticas con fuertes regulaciones para poder salir adelante. El gobierno militar que derrocó a Yrigoyen en 1930 era fuertemente reaccionario, sin embargo se vio obligado en los años siguientes a aplicar políticas fuertemente intervencionistas.

---

14. De Pablo, J. C., *200 años de Economía Argentina,* Buenos Aires: Ediciones B, 2010, pág. 54.

Aquí vale la pena hacer algún comentario sobre planteos que consideramos fuertemente "descontextualizados", que se escuchan aún en la Argentina de hoy sobre este tema, cuestionando las decisiones que se tomaron a partir de la crisis del 30. Es muy común escuchar en la actualidad a algunos dirigentes políticos liberales y también a no pocos dirigentes sectoriales (Sociedad Rural de Buenos Aires, por ejemplo) decir que la Argentina equivocó el camino a partir de 1930, al aplicar políticas intervencionistas, y que se debió seguir con la estrategia de fines del siglo XIX, de libertad económica, que había demostrado ser muy exitosa hasta ese momento.

Estos argumentos desconocen obviamente el contexto de la crisis global de 1930, pero a la vez también desconocen que la Argentina dependía de los flujos internacionales, no sólo en el comercio de bienes sino también el flujo de capitales. Como vimos en el Capítulo III, la clase dirigente argentina en la década del 30 no cambió porque quiso, sino porque se había modificado el contexto internacional y no había más remedio que adaptarse a una nueva realidad, para la cual la estructura productiva del país no estaba adecuadamente preparada. El mundo "feliz" de la llamada división internacional del trabajo no existía más, y por lo tanto, el rol que había cumplido la Argentina en los mercados mundiales ya no volvería a ser el mismo en adelante.

En este contexto, vamos a introducir a un autor argentino en el plano de las ideas económicas, ya que tanto lo que escribió como también su actuación concreta, a partir de la década del 30, generó consecuencias que pueden rastrearse hasta el presente. Nos estamos refiriendo a Raúl Prebisch (1901-1986), un tucumano que había estudiado Ciencias Económicas en la Universidad de Buenos Aires (UBA). Su formación académica era claramente liberal, neoclásica, pero resulta que le tocó acompañar en 1933, en carácter de asesor, a Julio A. Roca (hijo) a Inglaterra, con motivo de la negociación y posterior firma de lo que pasó a la historia como el Pacto Roca/Runciman.

Estando en Londres acompañando a Roca, Prebisch tuvo la oportunidad de leer algunos artículos que, a nivel periodístico, escribía un tal Keynes, cuestionando las ideas liberales vigentes en ese momento. El economista argentino, capto rápidamente las revolucionarias ideas que planteaban aquellos artículos, y al regresar a la Argentina propuso al gobierno nacional (para el cual trabajaba) comenzar a aplicarlas a nivel de nuestro país. Aunque suene paradójico, hay que decir que las ideas keynesianas comenzaron a aplicarse en la Argentina antes de que Keynes publicara su famosa obra, algo que ocurrió recién en 1936.

Sin embargo, el aporte más importante de Prebisch no fue el ya comentado, sino uno mucho más importante que le tocó jugar a partir de la creación de la Comisión Económica Para América Latina y el Caribe (CEPAL), organismo que le propuso al economista argentino ser su primer Gerente General. Dentro de la CEPAL, organismo con sede en Santiago de Chile, Prebisch desarrolló lo que se ha dado en llamar la Teoría del Deterioro de los Términos de Intercambio, aplicada al comercio internacional, que sería una de las bases de lo que posteriormente se llamó la Teoría de la Dependencia.

Lo primero que tiene que quedar en claro es que la argumentación desarrollada por Prebisch, para explicar la dinámica de la economía mundial y el comercio internacional se da de patadas con la Teoría de las Ventajas Comparativas, ya comentada de David Ricardo, que era por entonces el discurso hegemónico a nivel global.

¿Qué se dijo desde la CEPAL? Que los países que adherían a la división internacional del trabajo, y se especializaban en la producción de materias primas para exportación, no desarrollando internamente procesos industriales, estaban condenados a exportar cada vez más para comprar los mismos bienes industriales. El planteo descansaba en la lectura de que los precios internacionales de los bienes primarios aumentaban, en el tiempo, a un ritmo menor que los productos industrializados.

El argumento planteado por Prebisch desde la CEPAL, a mediados del siglo XX, prendió en gran parte de Latinoamérica, y ayuda a explicar los procesos de industrialización que se llevaron a cabo no sólo en Argentina, sino también en Brasil y México, sobre todo desde fines de la década del 50 y comienzos de la década del 60, en lo que se denominó Políticas Desarrollistas, con actores como Frondizi en Argentina o Juscelino Kubitschek en Brasil.

4.3. El retorno del Pensamiento Liberal

Pero la realidad es ciertamente dinámica. Es un hecho que la Teoría Keynesiana dominó el mundo académico y político entre las décadas del 30 y el 60 en forma bastante clara. El pensamiento liberal, derrotado en la crisis del 30 se mantuvo agazapado, pero encontró elementos revitalizantes cuando la aplicación masiva de las políticas keynesianas, comenzaron a mostrar debilidades.

La reaparición de fenómenos inflacionarios y el escaso dinamismo mostrado por algunas economías desarrolladas a partir de la década del 60 generó una recuperación de las ideas liberales, de la mano de autores como Milton Friedman y Friedrich von Hayek, en lo que posteriormente se dio en llamar el Neoliberalismo. La llamada Escuela de Chicago y la Teoría de la Oferta, en la década del 80 son algunos de los eslabones que podemos identificar en este derrotero.

La aparición del problema denominado estanflación (combinación de inflación con recesión) en algunos países desarrollados, a fines de la década del 70, dieron pie a la aparición de las políticas neoliberales más conocidas, a comienzos de la década del 80 en los Estados Unidos, con Ronald Reagan, y en Inglaterra, con Margaret Thatcher. ¿Cuál era la receta? Que para poder volver a dinamizar el sistema productivo y bajar la inflación había que alentar fuertemente la inversión privada en un contexto de desregulación económica y disminución de la intervención estatal.

Algunas de las concepciones neoliberales aplicadas entonces tienen repercusión aún hoy. Para alentar la inversión privada, una propuesta aceptada fue disminuir la carga impositiva sobre los sectores más ricos de la sociedad. ¿Por qué? Debido a que se supone que son esos los sectores que tienen más capacidad de ahorro, que podría volcarse luego a la inversión. Si los ricos invierten más, habrá más producción y empleo luego para el resto de los sectores de la sociedad.

Esto es, muy resumidamente, lo que posteriormente se llamó la Teoría del Derrame cuya aplicación se generalizó desde Estados Unidos e Inglaterra al resto del mundo. Las consecuencias de estas políticas, decíamos más arriba, se ven aún hoy, ya que su aplicación generó un proceso de redistribución regresiva del ingreso.

En un muy exitoso trabajo publicado en 2014 (en castellano, la primera versión en francés se publicó en 2013) por el francés Thomas Piketty, llamado *El Capital en el Siglo XXI*, vemos cómo se hace un análisis de las consecuencias negativas a nivel social y también económico sobre este tema. ¿Qué dice Piketty? Que la dinámica actual del capitalismo plantea una distribución del ingreso cada vez más inequitativa, lo cual conducirá en el tiempo a una desigualdad creciente, que pondrá en riesgo la misma democracia y el capitalismo.

Al respecto, Piketty destaca lo siguiente:

> Cuando la tasa de retorno del capital es superior al crecimiento económico esperado, la riqueza heredada crece más rápido que la producción y los ingresos provenientes del trabajo. Bajo estas condiciones, es casi inevitable que la riqueza heredada sea superior a la riqueza que se puede amasar como producto del trabajo. Debido a esto, la concentración de la riqueza llega a unos niveles tan altos, que serán incompatibles con los valores meritocráticos y los principios de Justicia Social que son fundamentales en una Sociedad Democrática[15].

Las políticas liberales aplicadas en Estados Unidos e Inglaterra a comienzos de la década del 80 generaron un fuerte impacto en todo el mundo pero especialmente en Latinoamérica. En el marco de aquel contexto, se produjo un fuerte aumento de las tasas de interés y un cambio en el flujo de capitales que descalzaron a la mayor parte de las economías latinoamericanas, generando un fuerte proceso recesivo, que se tradujo en aumento de la desocupación, alta inflación y pérdida del margen de maniobra de parte del sector público para aplicar políticas sociales, tal como vimos en el Capítulo III. Esta situación negativa afectó no sólo a la Argentina (en la época de Alfonsín), sino al resto de Latinoamérica, incluyendo a Brasil y México. Debido a ello se llama a este período, para analizar la situación latinoamericana, la década perdida.

En la Argentina del gobierno de Alfonsín, ya se sabe, no se pudo articular ninguna estrategia que resultara eficiente para dar una respuesta satisfactoria a la casi inmanejable situación que se había planteado. Pero como ya dijimos, ese desconcierto para enfrentar la realidad económica no sólo lo vivió la Argentina. Fue casi la misma película la que se vio en Brasil, México, Venezuela, Colombia, Perú, etc. El debilitamiento económico generó debilitamiento político y caída de los servicios sociales más básicos (en la década del 80 en América Latina reapareció nada menos que el cólera, por ejemplo, que había sido erradicado hacía décadas).

Frente a semejante cuadro, la actitud de Estados Unidos fue convocar, en 1989, a todos los países latinoamericanos a un evento en Washington, para analizar lo que había ocurrido durante dicha década perdida. Se encomendó a un economista llamado

---

15. Piketty, T., *El capital en el siglo XXI*, Buenos Aires: Fondo de Cultura Económica, 2014, pág. 643.

John Williamson la elaboración de un documento para trabajar, lo que finalmente se conoció como el famoso Consenso de Washington.

¿Cuál fue la base de este consenso? En primer lugar, el "diagnóstico" de lo que había ocurrido durante la década del 80 en toda Latinoamérica. Se llegó a la conclusión de que los problemas tenían que ver, básicamente, con las políticas de intervención y regulaciones, que habían ahogado la iniciativa empresarial privada, y también el fuerte rol cumplido por los Estados Nacionales, con altos niveles de ineficiencia y con déficits fiscales que, vía emisión, explicaban los descontrolados procesos inflacionarios. De yapa también se sumaban sistemas financieros ineficientes que evitaban una fluida intermediación entre el ahorro y la inversión.

Lo más importante fue que el Consenso de Washington no se quedaba sólo en el "diagnóstico". El documento final contenía una batería de propuestas para aplicar, que se deducían lógicamente del análisis precedente. Las propuestas eran diez, que se resumen a continuación.

1. Mayor disciplina fiscal (léase fuerte ajuste fiscal).
2. Reordenamiento del gasto público, es decir, cambiar su composición.
3. Reforma fiscal, para que la recaudación impositiva descansara más en los impuestos indirectos y menos sobre los gravámenes a los patrimonios.
4. Liberalización de las tasas de interés, que debían aumentar para alentar el ahorro privado.
5. Tipos de cambio unificados y competitivos, lo cual implicaba abandonar los sistemas de controles de cambio.
6. Liberalización comercial, lo cual debía traducirse en una baja de los aranceles de importación para permitir un mayor ingreso de productos extranjeros al país.
7. Apertura a la inversión extranjera, flexibilizando las normas que limitaban la remisión de utilidades al exterior.
8. Privatizaciones de las empresas públicas.
9. Desregulación de los servicios, a los efectos de generar una mayor competencia.
10. Garantizar los derechos de propiedad.

La batería de propuestas era lo más parecido a una receta. Lo más llamativo del caso era que estas "recomendaciones" debían ser aplicadas de la misma forma tanto en Brasil como en Honduras, daba lo mismo que fuera Argentina o Guatemala (como si los sistemas productivos fueran los mismos).

El Consenso de Washington fue aplicado en prácticamente toda Latinoamérica, con mayor o menor énfasis, a lo largo de la década del 90. Aquí invitamos al lector a realizar un ejercicio de comparación. Un somero repaso de los 10 puntos elaborados por Williamson y su comparación con el Plan de Convertibilidad de Cavallo/Menem, impulsado en 1991, relativiza bastante la originalidad del superministro argentino. ¿O no? (invitamos a repasar dicho contenido, explicado en el Capítulo III).

El resultado de la aplicación de estas políticas, para el caso argentino, ya fue comentado en el Capítulo III. La etapa neoliberal de la Argentina, se cierra con el colapso del gobierno de Fernando de la Rúa, en diciembre de 2001.

¿Todos los países de Latinoamérica aplicaron el Consenso de Washington de la misma manera? Por supuesto que no, y son notorias las diferencias entre Argentina y Brasil, por ejemplo. Al respecto vale la pena recordar un comentario expresado con mucha ironía por Guido Di Tella: "En la Argentina se hacen las mismas cosas que en el resto del mundo, sólo que con más entusiasmo". (Como se recordará, Carlos Menem fue premiado en los Estados Unidos, por la aplicación de dichas políticas en la Argentina).

4.4. Una Teoría de la Dependencia remixada

La etapa kirchnerista de la Argentina marca un reencuentro con Prebisch, los conceptos de la CEPAL y la llamada Teoría de la Dependencia, que ya fue explicada más arriba en este mismo capítulo. Esto no es sólo válido para la Argentina, sino que se trata de una verdadera cosmovisión que comparten en gran medida los gobiernos de gran parte del continente.

Esto no tiene nada de extraño. La reacción a las políticas neoliberales de la última parte del siglo XX, dio pie al surgimiento de gobiernos afines, en Argentina con los Kirchner, Brasil con Lula, Venezuela con Chávez, Ecuador con Correa, Bachelet en Chile, Uruguay con Mujica. En todos los casos se trata de una generación de dirigentes políticos que fueron formados en la década del 70, en el momento de auge de la Teoría de la Dependencia.

Aquí conviene volver sobre los aportes de Prebisch, la CEPAL y la Teoría de la Dependencia. Ocurre que a mediados del siglo XX, la CEPAL propuso a los países latinoamericanos que había que asumir un proceso de industrialización que permitiera limitar los efectos negativos que generaba el deterioro de los términos de intercambio que había analizado Prebisch. Sin embargo, el debate era cómo hacerlo. Para ello se planteó que había que alentar la creación de una burguesía nacional, y también alentar las inversiones extranjeras, para que aportaran capitales y tecnología industrial.

Sin embargo entre la década del 60 y el 70, algunos autores comenzaron a plantear una visión crítica sobre esta estrategia. Los principales cuestionamientos eran que las empresas multinacionales habían hecho su propio juego, sin generar encadenamientos productivos internos, y que la mayor parte de la nueva burguesía nacional que se había promovido, en realidad había terminado subordinando sus intereses a los de los grupos extranjeros.

Frente a semejante cuadro, la propuesta era darle un rol más fuerte a las empresas públicas y la necesidad de propiciar una distribución del ingreso aún más fuerte, para fortalecer el funcionamiento del mercado interno. El propio Prebisch en ese contexto llegó a plantear la necesidad de socializar el excedente, para utilizarlo estratégicamente en términos de inversión para la producción. Su argumento era que había quedado en claro que el mercado no regulaba ni la acumulación de capital ni la distribución del ingreso, al menos no la que, según él, hacía falta para impulsar el desarrollo en los países periféricos como Argentina.

¿Acaso importa rescatar estos argumentos de hace casi medio siglo? Por supuesto que sí. En realidad no podemos entender la lógica de funcionamiento del gobierno de

Néstor Kirchner y Cristina Fernández en la primera década del siglo XXI sin tener en cuenta estas consideraciones. La animosidad contra las empresas extranjeras, el recelo hacia muchos empresarios nacionales, el retorno a la estatización de empresas públicas, que se habían privatizado en la etapa de Menem/Cavallo. Hasta la misma política impositiva. ¿Qué son las retenciones a las exportaciones sino una socialización del excedente, tal como había planteado Prebisch?

Por supuesto, no se trata sólo de nostalgia ideológica. El fracaso de las políticas neoliberales y sus consecuencias en términos sociales, dieron lugar a la reaparición del Estado en su rol de redistribución, pero también como un fuerte actor en términos de impulsar la actividad productiva. En este punto, la conocida acusación hacia Néstor Kirchner, por ser un "setentista" aparece como ciertamente correcta, aunque una lectura peyorativa de la calificación no tiene porqué ser unánime.

Un párrafo aparte merece otro economista argentino de la década del 70. Se trata de Marcelo Diamand (1928-2007), cuyo trabajo fuertemente debatido en su momento pasó al olvido a partir del golpe militar de 1976, para ser recuperado en la Argentina post convertibilidad. Su aporte, muy controvertido, ayuda a enriquecer y dinamizar el necesario debate en relación a la orientación de las políticas económicas en la Argentina.

¿Qué dijo Diamand en la década del 70 que sea relevante para el análisis actual? Que la Argentina, como muchos países periféricos, tiene una estructura productiva desequilibrada, es decir donde conviven sectores productivos que tienen diferencias de productividad muy grandes. Para la realidad actual, digamos que el sector de los agroalimentos tiene una alta productividad, y es ciertamente competitivo a nivel internacional, pero la mayor parte de la industria nacional trabaja a un nivel de costos y precios claramente por encima de los precios internacionales.

Bajo un gobierno de tipo liberal, o aperturista, el tipo de cambio está generalmente fijado en base al sector más productivo, que es por otra parte un fuerte generador de divisas, lo cual afecta negativamente al sector industrial, cuyos niveles de competitividad son incompatibles con la cotización del dólar que establece el mercado.

¿Qué propone Diamand al respecto? Que se hace necesario trabajar con tipos de cambios diferenciados. El tipo de cambio tiene que contener las distintas realidades sectoriales en términos de productividad. Esta lógica, en términos de política económica, es la misma que en diversos escritos viene defendiendo desde hace varios años Axel Kicillof, Ministro de Economía de la Nación al momento de escribirse este texto.

Uno de los instrumentos para conseguir estos tipos de cambio diferenciales son las retenciones a las exportaciones, lo cual expresa parte de la justificación que esta herramienta de política económica tiene de parte del gobierno nacional.

El argumento de Marcelo Diamand, sobre la necesidad de instrumentar tipos de cambio diferenciales, tiene una lectura sobre el presente, pero también sobre algunas situaciones hipotéticas futuras. Así lo plantea, por ejemplo, Walter Graziano al expresar, en relación a la potencialidad que podría tener el yacimiento de shale de Vaca Muerta:

> Muchos problemas podría traernos un país en el que el agro y el sector petrolero se conviertan en los dos pilares de la economía, dado que ninguno de ambos sectores genera posibi-

lidades de trabajo en forma abundante, y además la entrada de dólares de ambos sectores puede terminar provocando una impensada desindustrialización del país. La Argentina podría transformarse en un país muy rico, muy ordenado, con dólares sobrantes, pero el riesgo es que lo sea para muy pocos[16].

¿Para dónde va la teoría económica en la actualidad, a nivel mundial? La verdad es que esa respuesta no está para nada clara. Sin embargo, al momento de tratar de ubicarnos en esta problemática, puede ser de mucha ayuda una reflexión de un brillante economista austríaco del siglo XX llamado Joseph Schumpeter (1883-1950), quien en referencia a la teoría decía lo siguiente:

> En realidad no me importa si una teoría es verdadera o falsa. Ese es un tema para los filósofos. Lo que a mí me importa de una teoría es que tenga contrastación empírica, es decir, que sea una herramienta útil para interpretar la realidad. Si una teoría sirve para interpretar la realidad la utilizo, en caso contrario la desecho.

¿Por qué recordamos la frase de Schumpeter? Porque está muy claro, sobre todo después de la crisis de las Hipotecas Subprime, en 2008, que la actual teoría económica tiene serias deficiencias al momento de interpretar adecuadamente los procesos económicos. Debido a ello podemos afirmar que la teoría económica está en crisis. ¿Estará por aparecer un nuevo Keynes? ¿Y si fuera latinoamericano, como el Papa Francisco?

---

16. Graziano, W., *La verdad oculta de la Argentina*, Buenos Aires: Editorial Planeta, 2014, pág. 257.

CAPITULO V
La situación actual

"¿Cuánto valía un dólar en el 2002? ¿Cuánto vale un bote al lado del Titanic?"
José I. De Mendiguren (Ex presidente de la UIA)

5.1. El colapso y sus consecuencias

En diciembre de 2001, las inconsistencias del modelo económico implementado desde los comienzos de la década del 90 hicieron eclosión y estallaron, generando una profunda crisis no sólo económica sino también política y social. En este marco se produjo una fuerte devaluación de la moneda, que generó un profundo cambio en los precios relativos de la economía, esta vez a favor de los llamados bienes transables, especialmente los productos agropecuarios e industriales.

El cambio producido en los precios relativos de la economía modificó muy fuertemente las rentabilidades sectoriales en el país. Para la actividad agrícola el efecto fue muy importante, no sólo debido a la devaluación, sino también al hecho de que este cambio se produjo en un momento en el cual comenzaban a prevalecer altos precios internacionales para los granos, medidos en dólares, lo cual también estuvo acompañado de buenos rindes agrícolas, en la mayor parte de la región pampeana.

Contra lo que muchos esperaban, la fuerte devaluación no generó una escalada inmediata en los precios de manera generalizada. Esto fue así debido a que la economía argentina venía experimentando una fuerte recesión desde 1999, lo cual sirvió como un amortiguador para los precios. En realidad, los valores correspondientes a los llamados bienes transables, sí tuvieron subas significativas, como cabía esperar, mientras que la mayor parte de los servicios, en cambio, permaneció con valores relativamente estables.

Tal como ya se expresó, el efecto combinado de la fuerte devaluación y los altos precios internacionales de los granos generaron un salto en la rentabilidad en la actividad agrícola, que dicho sector no había experimentado al menos desde la década del 20 del siglo anterior. La fuerte devaluación también favoreció a diversos sectores industriales, debido a que las importaciones se encarecieron, promoviendo así la sustitución de las mismas por producción nacional.

En las localidades pequeñas y medianas del interior de la región pampeana, el fuerte aumento en la rentabilidad agrícola generó un efecto reactivador de la actividad productiva y de servicios, que comenzó a ser visible ya en la segunda mitad del año 2002. Sin embargo, la situación no era la misma en los grandes centros urbanos y en algunas otras economías regionales del interior vinculadas al mercado interno. La fuerte caída en el poder de compra de los salarios y las jubilaciones que generó la devaluación, contrajo el consumo interno, afectando negativamente a todos los sectores vinculados.

A partir de lo anterior, puede decirse que, al menos desde el punto de vista estadístico, el derrumbe de la convertibilidad y las convulsiones que se generaron tras la caída del gobierno de Fernando de la Rúa, sumieron a la Argentina en la peor crisis de su historia, tanto en lo económico como en lo social. Todas las estadísticas disponibles muestran, de manera elocuente, que la crisis del 30, hasta ese momento la peor referencia de la historia del país, se quedaba corta frente al colapso que enfrentó la Argentina en la primera mitad del año 2002.

Los datos son más que elocuentes. El nivel de actividad cayó casi un 10%, medido entre enero de 2002 y enero de 2003, debido básicamente a la fuerte caída en el poder adquisitivo de vastos sectores de la sociedad que generó la fuerte devaluación de la moneda. Los niveles de pobreza se ubicaron en torno al 50% de la población, mientras que la indigencia llegó a ubicarse en torno al 25%. En dicho contexto, la desocupación alcanzó casi al 22% de la población económicamente activa. Se trata, sin lugar a dudas, de los peores datos sociales de la historia de la Argentina, claramente peores que los relevados en la crisis de 1930.

Sin embargo, es muy importante destacar que el colapso que planteó el fin de la convertibilidad no sólo se expresaba en el daño producido sobre el aparato productivo, sino también en el hecho de que planteó un quiebre generalizado de los contratos, entre privados, o entre los privados y el Estado. En ese contexto, el propio Estado estaba quebrado, como así también el sistema financiero en su conjunto, las compañías de seguros, y la mayor parte de las empresas que estaban endeudadas en dólares.

Para el gobierno argentino el camino del default era ciertamente inevitable tras la devaluación. La deuda pública era impagable durante la última etapa de la convertibilidad. La devaluación expresaba un salto imposible de amortiguar, ya que la mayor parte de la deuda estaba expresada en dólares, mientras que la recaudación impositiva lo estaba en pesos. La implementación de las retenciones a las exportaciones de granos y otros productos ayudó a mitigar este desfasaje.

Por otra parte, el desequilibrio expresado en la relación entre deudores y acreedores obligó al gobierno a tomar una batería de medidas, entre las cuales se destacaron una Ley de Emergencia Pública, la modificación de la Ley de Quiebras ya existente, flexibilizando su aplicación, se cambiaron algunas normativas del Banco Central, y finalmente se instrumentó la llamada pesificación asimétrica, que expresó una brutal transferencia entre los deudores y los acreedores, en beneficio de los primeros.

En relación a este último tema, ocurre que el gobierno decidió, a los efectos de reordenar el sistema financiero, que los activos de los ahorristas se pesificaran a 1,40 más CER (índice que recogía la evolución de la inflación), mientras que los préstamos se pesificaran 1 x 1, de manera que las deudas se fueran licuando. Los bancos, que quedaron en el medio, como intermediarios, fueron finalmente compensados por el gobierno a través de la emisión de Bonos (ahora sí en pesos) emitidos especialmente a tal efecto.

Sin embargo, la determinación de pesificar los contratos, se encontró con un problema complejo en relación a las empresas que habían accedido a la prestación de los servicios públicos en la época de Carlos Menem, con tarifas dolarizadas. El gobierno también aquí forzó a las empresas a pesificar sus tarifas, pero muchas de estas empresas, en general extranjeras, sintiendo afectados sus derechos, iniciaron demandas ante el Centro Internacional de Arreglo de Diferencias Relativas a Inversiones, (CIADI), lo cual condujo a un escenario de litigiosidad, que comenzó a descomprimirse progresivamente recién hacia 2005, aunque algunos conflictos puntuales persisten aún en la actualidad.

El reacomodamiento jurídico, económico, institucional y social, producto del descalabro generalizado, insumió todo el 2002 y parte del 2003. En ese contexto se tomaron medidas claramente heterodoxas, propias de un contexto extremo. Desde el default proclamado por Rodríguez Saa, hasta la pesificación asimétrica de Duhalde. La velocidad de los acontecimientos, obligó a tomar decisiones en un contexto de alta incertidumbre, a prueba y error, como queda claro en las memorias escritas por el mismo Roberto Lavagna, Ministro de Economía de Duhalde, y después también de Néstor Kirchner.

Es posible que podamos afirmar que el año 2002, tras la caída del gobierno de Fernando de la Rúa, expresó uno de los momentos de mayor incertidumbre de la historia de la República Argentina. En muchos sectores, volvió a instalarse la idea de que la Argentina era un país "fallido", marco en el cual se escucharon propuestas, presentadas con "gran seriedad", que planteaban, entre otras cosas, que el país debía pagar deuda con territorio, renunciar a la moneda nacional (dolarizando totalmente la economía) e incluso instalar un sistema financiero off shore, para que los argentinos pudieran depositar su dinero bajo reglas y condiciones extranjeras.

Algunos economistas de los considerados "serios" (que incluso siguen apareciendo en los programas de televisión en Capital Federal) llegaron a proponer que el país debía ceder parte de su soberanía, para entregar la administración del gobierno nacional, temporariamente, a un grupo de expertos internacionales, bajo la tutela del FMI.

En relación a estas increíbles propuestas, planteadas a través de los principales medios de comunicación del país, el Ministro de Economía de ese momento, Roberto Lavagna, que debía sufrir las presiones en forma cotidiana, expresaba lo siguiente: "Un seminario de ex funcionarios menemistas o cercanos al ex presidente, Pedro Pou, Horacio Liendo, Jorge Castro, Miguel Broda, Carlos Rodríguez, y Jorge Ávila, insistió en la dolarización, el ajuste, y el alineamiento automático con los Estados Unidos". En mayo de 2002, Jorge Ávila, del CEMA, profetizó: "No habrá moneda, ni banca por dos generaciones, esto termina en una hiperinflación". Miguel Solanet, por su parte expresó: "El sistema financiero va a quedar con pocos o ningún depósito. Van a pasar muchos años antes que un argentino vuelva a hacer un plazo fijo". Aún hoy, hay quienes recuerdan el disparatado pronóstico de Miguel A. Broda, que expresó que:

"El mejor escenario estable es que a fin de 2002 el dólar cueste 5 pesos, y la inflación supere el 175%. El peor escenario es un dólar a 20 pesos, y una inflación que supere el 1.100%".

Mientras tanto, y desde el exterior, fue muy difundido en el país, (también por los principales medios de comunicación argentinos), el comentario que hiciera un prestigioso académico norteamericano (del MIT) llamado Rudiger Dornbusch, que propuso a la comunidad internacional la intervención sobre el manejo de la economía argentina, y su conducción a cargo de expertos externos. Planteaba la creación de un Comisionado, para un país que consideraba en "bancarrota política, económica, y social", al estilo de lo que había hecho la Liga de las Naciones en Austria, al fin de la Primera Guerra Mundial.

Vistos a la distancia, todos estos comentarios parecen difíciles de creer. ¿Estupidez?, ¿falta de capacidad profesional?, ¿ceguera ideológica?, ¿intereses creados? Pocas veces la Argentina estuvo tan cerca de su desintegración.

5.2. Política K, con "viento de cola"

Cuando asumió la presidencia Néstor Kirchner, el 25 de mayo de 2003, estaba claro que lo peor ya había pasado, aunque la economía argentina seguía envuelta en un contexto de alta incertidumbre, y con una situación social que seguía siendo muy complicada. Para ese entonces, y en comparación a la crítica situación de enero de 2002, algunas cosas estaban cambiando, ayudando al proceso de recuperación que ya se visualizaba.

El gráfico 1, que adjuntamos, muestra el proceso de recuperación del nivel de actividad económica del país, medido a través del PBI. Como puede observarse, tras la fuerte recesión experimentada en 2002, la actividad económica comenzó un proceso de recuperación que no se detendría hasta 2009, y que por lo tanto abarca todo el período de gobierno correspondiente a Néstor Kirchner. ¿Qué factores explican esta recuperación? Básicamente los siguientes:

a) De nuevo los ciclos económicos externos cambiaban de signo, pero esta vez a favor. Desde 2002 se estaba produciendo una recuperación muy visible en los precios de los commodities a nivel internacional. Dicha tendencia se extendería hasta 2008, generando mejores condiciones para los sectores exportadores argentinos.

Fue esta nueva tendencia que mostraban los precios de los commodities, entre los cuales encontraban los granos, harinas y aceites que exporta nuestro país, la que dio lugar al comentario tan conocido, sobre todo de parte de la oposición política al gobierno, de que había un "viento de cola" que explicaba la recuperación de la actividad económica del país, y que por lo tanto no había mérito en la gestión del gobierno. El gráfico 2 muestra el comportamiento en los precios de los commodities durante esos años. Desde nuestra óptica, la correlación entre las dos variables es irrefutable (como lo fue siempre a lo largo de la historia argentina).

b) La fuerte devaluación de la moneda generó una recuperación casi inmediata en la competitividad de la economía argentina. Fue muy visible la recuperación en la rentabilidad de los sectores de bienes transables, ya sea orientados a la exportación, como es el caso de la agricultura y el complejo sojero, o en relación a las industrias que competían en desventaja con las importaciones durante la convertibilidad. Estos sectores recuperaron progresivamente dinamismo y consecuentemente mejoraron su margen de acción, lo cual contribuyó a multiplicar la generación de empleo y producción hacia las actividades internas, tanto en la producción de bienes como en la prestación de servicios.

En ese contexto, los fuertes excedentes que se generaron en la actividad agropecuaria, alentaron una muy importante recuperación del sector de la construcción, especialmente en los grandes centros urbanos y turísticos, lo cual también contribuyó a la recuperación de la actividad económica. De hecho, el crecimiento de la construcción privada, durante el período 2003-2008 no tiene probablemente antecedentes en la historia del país.

c) Está claro que los dos factores anteriores pudieron actuar en términos de reactivación de una manera rápida y fluida, porque el país contaba con una capacidad instalada ociosa importante, que se arrastraba del proceso recesivo que había experimentado el sistema productivo desde 1999. Esto permitió que la reactivación de la demanda no generara presiones inflacionarias importantes durante los primeros años de la etapa post convertibilidad.

En general, la mayor parte de los analistas considera que el proceso de reactivación, es decir, basado en la recuperación de la capacidad instalada ya existente, tendió a completarse en algún momento entre los años 2005 y 2006. Este argumento, por supuesto, sólo puede ser considerado en términos muy generales, ya que se había producido un cambio muy profundo en los precios relativos de la economía, con lo cual la composición de la demanda también experimentó importantes cambios durante esos años.

d) A partir de 2003, el gobierno comenzó a tomar decisiones tendientes a mejorar la distribución del ingreso, mediante medidas que promovieron la recuperación de los salarios, tanto en el sector público como en el privado y también el aumento progresivo de los haberes jubilatorios. Esta política permitió en el tiempo un aumento persistente en el nivel de consumo interno, que también contribuyó al aumento en el nivel de actividad económica del país durante este período.

e) Se produjo un cambio muy importante en el nivel de inversión, a partir de 2003, que contrasta fuertemente con el debilitamiento que esta variable había experimentando en los últimos años de la convertibilidad. La recuperación de la rentabilidad en algunos sectores que habían postergado inversiones en la última etapa de la convertibilidad, explica, por ejemplo, el fuerte aumento en la venta de cosechadoras, camiones, tractores, y otros bienes de capital, que contribuyeron a mejorar el equipamiento de los sectores productivos y a generar aumentos importantes en la productividad de los sectores más dinámicos de la economía argentina durante esos años. El sector público, por razones que ya abordaremos, también aumentó fuertemente la tasa de inversión durante ese período.

Ahora bien, hacia mediados de 2004, se hizo visible que la recuperación económica no era transitoria, sino que expresaba una nueva tendencia de la economía. En ese contexto, algunos analistas comenzaron a discutir si había o no una política económica de parte del gobierno que diera explicación a lo que ocurría, y si, consecuentemente, podía hablarse de un nuevo modelo económico.

En ese marco, comenzó a hablarse, ya en 2004, de un modelo económico basado en los "dos superávits gemelos", en relación al comportamiento virtuoso que estaban mostrando dos variables muy relevantes, el balance comercial externo, por un lado, y las cuentas fiscales por el otro. Ambas variables pueden visualizase en los gráficos 3 y 4, que se adjuntan a continuación.

Gráfico 3. Balance comercial
Exportaciones menos Importaciones. En millones de dólares

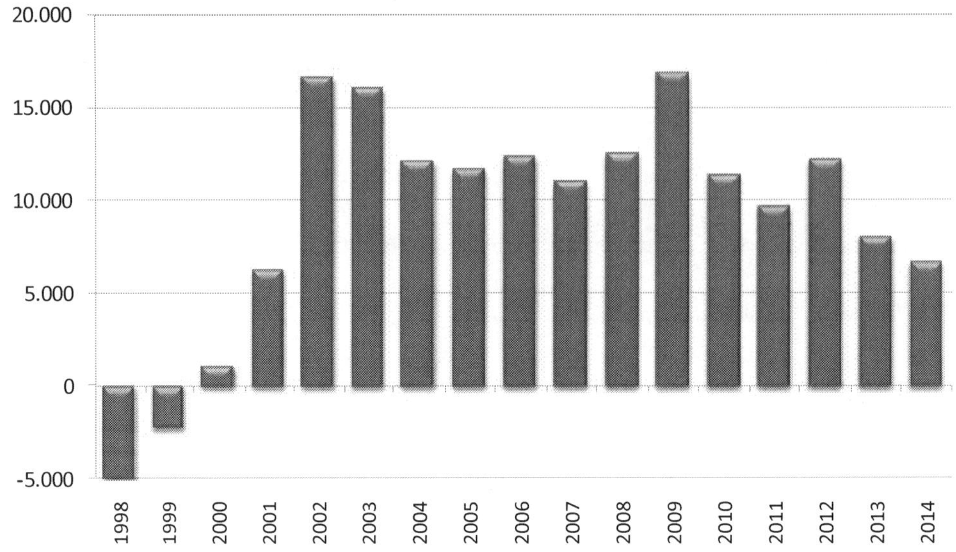

Gráfico 4. Cuentas públicas
Superávit / Déficit Fiscal Primario, como porcentaje del PBI

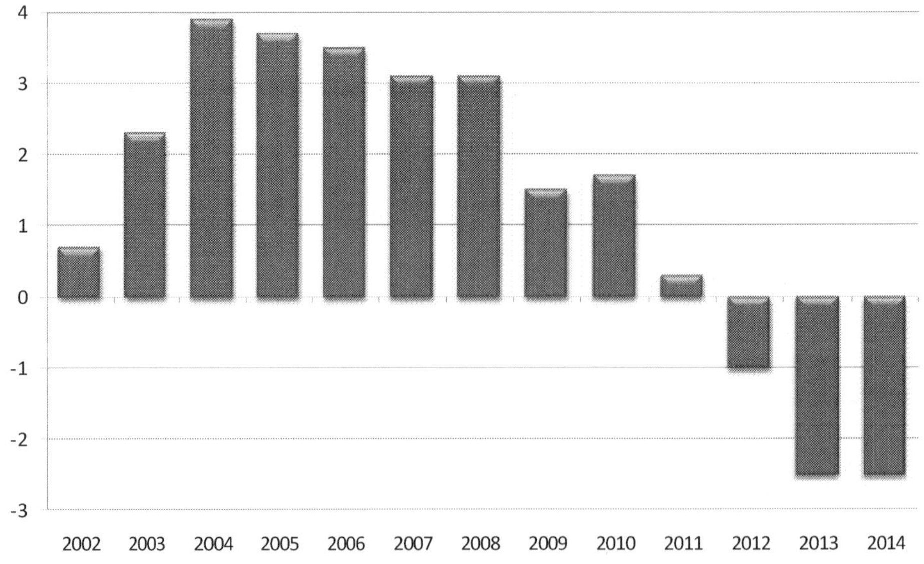

Como se sabe, el balance comercial de un país muestra la relación entre las exportaciones y las importaciones de bienes en un año calendario. Como puede observarse, el balance fue marcadamente negativo durante la década del ´90, debido en gran medida al tipo de cambio atrasado que expresaba la convertibilidad, que debilitaba las exportaciones, a la par que alentaba las importaciones de productos extranjeros al país. Como ya se expresó, la combinación de fuerte devaluación, con mejora sustancial de los precios internacionales de las materias primas, cambió radicalmente el signo del balance comercial, que pasó a ser, desde 2002, fuertemente positivo.

La variable fiscal también muestra un cambio muy significativo, como se desprende del gráfico 4. La recuperación de las cuentas públicas que se observa tiene una explicación diversa, que descansa en una gran batería de factores entre los cuales se destacan la recuperación de la recaudación por el mayor nivel de actividad económica, el mismo default que hizo que no se destinaran recursos al pago de la deuda, la licuación inicial del gasto público como resultado de que la recaudación subió con el aumento de los precios, en un contexto en el cual los salarios y las jubilaciones permanecieron, en un primer momento, congelados.

También jugaron un rol en el aumento progresivo de la recaudación algunos nuevos gravámenes, como el impuesto al cheque (lo había instituido Cavallo) y las retenciones a las exportaciones (que había introducido en el sistema Eduardo Duhalde).

Que Néstor Kirchner hacía un seguimiento casi cotidiano sobre la marcha de estas y otras variables económicas, es un hecho que está corroborado por numerosos testimonios, como así también que pedía explicaciones a los funcionarios responsables de cada área cuando alguna de las variables mostraba algún cambio que estaba fuera de las proyecciones que él tenía. Esta conducta, poco habitual en un Presidente de la Nación, hizo que se generalizara en los medios de comunicación y en los comentarios de la calle, la idea de que había un modelo económico, que estaba basado en los superávits de ambas variables.

Desde un punto de vista académico queda claro que estas dos variables no constituyen un modelo desde ningún punto de vista, y que el hecho de que fueran positivas era más bien una consecuencia del default, que un objetivo deliberadamente buscado de política económica. El contraste con la etapa menemista no podría ser más impactante. A lo largo de casi toda la década del 90 ambas variables tuvieron un comportamiento negativo. ¿Cómo puede operar un país con cuentas comerciales y fiscales permanentemente negativas? La respuesta es con crédito.

Como contrapartida, si un país entra en default, y por lo tanto se queda sin crédito, no tendrá más remedio que ajustar sus cuentas fiscales y también sus cuentas externas. Bajo esta perspectiva, la Argentina posterior a 2002, que tuvo cuentas positivas, tanto en términos fiscales como comerciales, en realidad no tenía más remedio que actuar de esta manera. No había mucho margen para otra cosa.

Sin embargo, creemos que vale la pena hacer aquí un comentario sobre lo que el mismo Néstor Kirchner pensaba sobre este tema. Cada vez que, en alguna conferencia de prensa, al Presidente lo interrogaban sobre cuál era el modelo económico que se estaba aplicando, su reacción era de fastidio, cuando no de enojo. Muchas veces expresó públicamente lo siguiente: "aquí no hay un modelo económico, lo que hay es un proyecto político".

¿Qué buscaba expresar con esto el Presidente? Quería marcar una diferencia con la década del 90, en términos de prioridades, porque él consideraba que las decisiones económicas tenían que estar subordinadas a los objetivos políticos y no al revés, como supuestamente había ocurrido en la etapa menemista. Era, de hecho, un intento por reivindicar la política, frente a la presión de los grupos económicos dominantes, que habían, según su diagnóstico, manejado los hilos del país en la década anterior.

Esta lectura, que responde ciertamente a una lógica más que atendible, con el tiempo fue expresando una de las características de gestión del gobierno nacional, que dan pie a un análisis en términos de debilidad. ¿Por qué? Si no hay un modelo económico, no hay señales claras en términos de mediano y de largo plazo. Una crítica muy atendible y que compartimos, sobre la gestión K a lo largo de toda la primera década del siglo XXI, ha sido precisamente la falta de una planificación estratégica, de una visión de largo plazo que permitiera, tanto a las empresas privadas, como al sector público, orientar el proceso de inversión adecuadamente.

Ahora bien: cuando el gobierno nacional durante la presidencia de Néstor Kirchner intentaba explicarle a la sociedad el buen desempeño de la economía por ese entonces, como era de esperar, buscaba recostar lo más posible la explicación sobre las acciones del mismo gobierno. En este caso el "relato" hacía especialmente eje en los siguientes temas, a saber:

a) Se estaban aplicando diversas políticas tendientes a recuperar el funcionamiento del mercado interno como motor de la economía, basadas en el énfasis puesto en aumentos sobre salarios, jubilaciones y asistencia social.

b) Se comenzaban a instrumentar algunos mecanismos tendientes a promover la reindustrialización del país, para lo cual se plantearon distintos estímulos fiscales, crediticios y arancelarios.

c) Se estaba intentando fortalecer el rol del Estado en la economía, revirtiendo los ejes planteados en la década del 90. Una fuerte inversión en infraestructura era parte de ese programa, lo cual ciertamente ayuda a explicar la recuperación de la inversión y también el dinamismo de algunos sectores, sobre todo en proveedores del Estado.

Las herramientas técnicas utilizadas para avanzar en esta línea de acción fueron una política monetaria expansiva, una política cambiaria basada en un sistema de flotación administrada y una política de ingresos que, como ya se expresó anteriormente, puso mucho énfasis en la recuperación de los salarios y el poder de compra de los sectores más postergados de la sociedad argentina. Esto se consiguió a través de la recuperación de los convenios colectivos de trabajo, como herramienta de negociación salarial, por un lado, y a través de una fuerte política de subsidios a los sectores más vulnerables.

Un análisis sobre la gestión de Néstor Kirchner, estaría absolutamente desubicada si no se considerara lo que fue un verdadero hito para ese período, que fue la negociación de la deuda, entre enero y febrero de 2005, lo cual en ese momento fue considerado un éxito rotundo, algo que compartimos, aunque posteriormente no se siguieran los pasos adecuados para consolidar aquel comienzo tan auspicioso.

La oferta contenía Bonos Par (con tasa baja, sin quita y a treinta y cinco años de plazo) otros bonos con descuento (a treinta años, con un 66% de quita) y un bono llamado Cuasipar, destinado a las Administradoras de Fondos de Jubilaciones y Pensiones (AFJP). Todos los títulos llevaban incluido un cupón adicional, con pagos asociados a la evolución del PBI.

El 76% de los acreedores en default aceptó la oferta. En realidad la quita promedio se ubicó entre el 70% y el 75%, según el bono considerado. A partir de lo anterior, la deuda pública pasó de representar el 166% del PBI en el año 2002, al 62% en 2005, al momento del canje. En los años subsiguientes, esta proporción fue incluso disminuyendo más aún, en la medida que el PBI siguió mostrando aumentos significativos.

Finalmente, y volviendo, a modo de resumen, sobre la explicación del fuerte proceso de expansión de la economía verificado entre 2003 y 2008, los cinco factores comentados más arriba pueden chequearse en la fórmula más famosa del PBI, bajo la denominación de Ecuación Macroeconómica Fundamental, elaborada en la década del 30 por Keynes. La fórmula es la siguiente:

$$PBI = C + I + G + X - M$$

Donde C es el consumo, I la inversión, G el gasto público, X las exportaciones y M las importaciones.

Queda claro que los 5 factores comentados anteriormente, explican con mucha claridad cómo todas las variables correspondientes a la fórmula, jugaron a favor de la expansión del nivel de actividad económica del país, medido a través del PBI.

5.3. Política K, sin "viento de cola"

Cuando Cristina Fernández asumió la presidencia, en diciembre de 2007, había sido parte de su discurso electoral que a partir de su gobierno, planteado como una continuidad del de Néstor, comenzaría a aplicarse lo que ella había denominado "sintonía fina". Era una manera de reconocer que, durante la gestión anterior, se habían tomado decisiones con un trazo muy grueso, lo cual había estado justificado por la crítica situación en la cual Néstor había encontrado al país, tras el colapso de 2002.

Sin embargo, los hechos obligaron al gobierno a cambiar de libreto. A mediados del mismo 2007 estalló una nueva crisis internacional, que prácticamente ningún analista económico ni Organismo Internacional supo prever. La crisis estalló en los Estados Unidos, en el mercado de hipotecas bancarias, por lo que se la ha denominado la Crisis de las Hipotecas Subprime.

Como la crisis tuvo su génesis en un sistema financiero que está fuertemente globalizado, finalmente las complicaciones se extendieron a prácticamente todo el mundo, generando una fuerte desaceleración de la actividad productiva y consecuentemente, un retroceso en los precios de los commodities a nivel internacional. El gráfico 5 muestra el desempeño de la economía mundial, donde puede observarse el cambio de signo que marcó la crisis.

Gráfico 5. Crecimiento del PBI Real Mundial
Variación porcentual anual

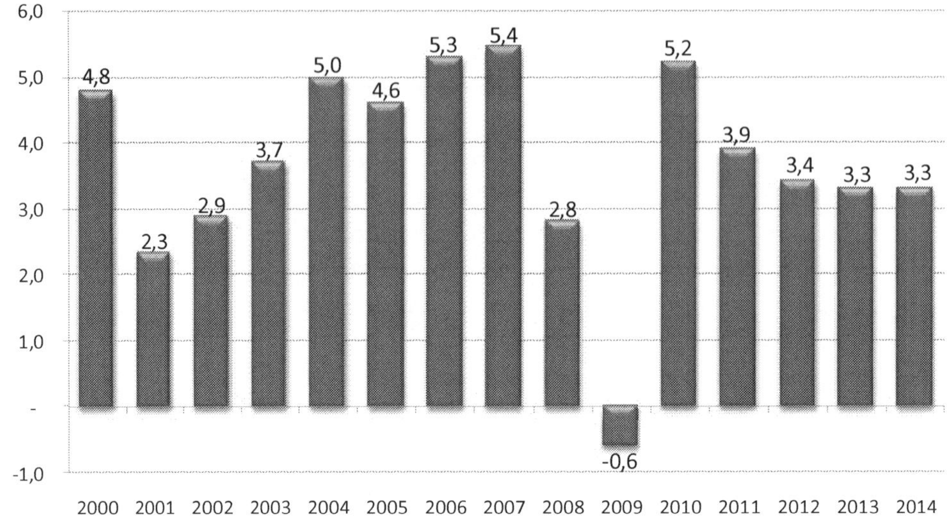

Como era de esperar, este cambio en las condiciones globales finalmente también terminó afectando a la Argentina. En este caso, no se produjo una contaminación a nivel financiero, ya que la Argentina, por estar en default desde 2002, mantuvo fuera del sistema global a su sistema financiero nacional. El impacto sí se dio a nivel comercial, porque la desaceleración de la economía mundial afectó nuestras ventas externas, básicamente a nivel de los commodities.

Tal como destaca Ricardo Delgado:

> a la gran recesión, el kirchnerismo le respondió con una correcta batería de medidas anticíclicas que compensaron parcialmente los efectos de la crisis externa sobre la actividad y el empleo. Todas las economías de la región aplicaron recetas similares. La principal medida fue estatizar los fondos privados de jubilación, un sistema costoso para los usuarios, poco eficaz en el uso de los fondos y generador de déficit fiscal, como fue visto[17].

El financiamiento del gasto público, en expansión, considerado clave para equilibrar la caída de la inversión y el consumo privado, provino también de otras fuentes, y no sólo de la estatización de las AFJP. En ese contexto, se apeló a una batería de acciones, tales como moratorias impositivas y previsionales, adelantos del Banco Central al Tesoro Nacional y también se apeló al aporte de otras dependencias, en las cuales se

17. Delgado, R., *La Herencia: treinta años de economía argentina en democracia*, Primera edición, Buenos Aires: Fondo de Cultura Económica, 2013, pág. 165.

habían acumulado recursos en caja, en la etapa expansiva anterior, y que contribuyeron a través de la compra de bonos emitidos por el gobierno nacional.

A los efectos de llevar adelante dichas políticas anticíclicas, el gobierno argentino intensificó sus mecanismos de intervención sobre los mercados y sus instrumentos de regulación sobre los sectores productivos, lo cual le trajo aparejado diversos conflictos con aquellos sectores que ya se sentían fuertemente presionados por la política oficial desde la misma gestión de Néstor. El caso más resonante, y aún recordado, en este nuevo contexto, fue el muy agresivo conflicto desatado con el sector agropecuario, a partir de la decisión sectorial de resistir la aplicación de la Resolución 125, en relación a la intención de aplicar retenciones móviles sobre las exportaciones de granos y subproductos.

Pese al esfuerzo desplegado, no pudo evitarse que la economía sufriera un proceso recesivo en 2009. Sin embargo, y como cabía esperar, la economía argentina se recuperaría en 2010, a la par que lo hacía la misma economía mundial, siguiendo la lógica que venimos sosteniendo desde el Capítulo I de este trabajo. Sin embargo, algo había cambiado de manera estructural. A la economía mundial le costaría mucho salir de la crisis de 2008/09. En los años siguientes, y hasta el presente, ya no volvería a verse el mismo dinamismo de la primera etapa.

Lo anterior expresaba un cambio de escenario. Se había acabado el "viento de cola", y por lo tanto se imponía generar también cambios en la política económica a nivel nacional, para adaptarse a las nuevas circunstancias internacionales. Sin embargo, el gobierno argentino se encontró con la necesidad política de enfrentar el escenario electoral de 2011, en un contexto de desaceleración a nivel internacional, lo cual planteaba el riesgo cierto de una derrota.

Las urgencias electorales empujaron al gobierno a instrumentar una agresiva política de aumento del gasto público, y un impulso del consumo privado vía tasas de interés abiertamente negativas. Esto generó un progresivo desequilibrio de algunas variables macroeconómicas que hasta ese momento se habían mantenido relativamente bajo control. A partir de 2011, y como consecuencia de estos desequilibrios, comenzó a visualizarse una importante aceleración de la inflación, un creciente desequilibrio de las cuentas públicas, y también una pérdida progresiva de la competitividad empresarial, a través de un tipo de cambio crecientemente regulado.

Frente a semejante cuadro, el segundo mandato de Cristina Fernández se vio jaqueado por diversos problemas de carácter económico, entre los cuales se destacan los siguientes:

a) El Déficit Fiscal

Como puede observase en el gráfico 4, las cuentas fiscales del gobierno argentino muestran un escenario de déficit fiscal a partir de 2012. A nuestro juicio, se explica desde el punto de inflexión que se produce en el gasto público a partir de 2011, momento en el cual el gobierno nacional tomó la decisión de aumentar fuertemente el gasto y los subsidios, directos e indirectos, a los efectos de contrarrestar el proceso de desaceleración económica que se estaba visualizando, y que podía poner en riesgo la suerte electoral del gobierno.

Estas acciones dieron sus frutos, y tal como se observa en el gráfico 1, la actividad económica en la Argentina no se desaceleró, tal como sí estaba ocurriendo en casi todos los países del mundo. Sin embargo, el costo de estas acciones fue desequilibrar el funcionamiento de las cuentas públicas, que mostraron a partir de 2012 un desequilibrio que fue, en adelante, de carácter permanente. Este desequilibrio fiscal comenzó a financiarse en forma creciente con aportes del Banco Central, vía emisión monetaria, lo cual es muy notorio, precisamente a partir de 2012.

b) Inflación

El gráfico 6 muestra la tasa de inflación en la Argentina durante los últimos años. Como puede observarse, el gráfico tiene dos líneas diferenciadas a partir del año 2006, momento en el cual comenzó el proceso de manipulación de la información oficial en el Instituto Nacional de Estadísticas y Censos (INDEC). La línea más oscura muestra, en promedio, la opinión de diversas consultoras privadas. Tal como puede observarse, 2011 marca aquí también un punto de inflexión.

Aunque existen muchas teorías para la explicación de los procesos inflacionarios, para el caso argentino, las opiniones pueden ser agrupadas en dos vertientes, a saber:

a) Las que llamaremos monetaristas, donde la explicación descansa en la sobreoferta de dinero, básicamente a partir de una emisión excesiva de parte del Banco Central, con el objeto de financiar las cuentas deficitarias del gobierno.

b) Visiones que llamaremos estructuralistas, donde la explicación descansa fundamentalmente en problemas vinculados precisamente a la estructura productiva del país. En ese marco, la explicación se ubica en torno a prácticas monopólicas de grupos económicos concentrados, la puja distributiva entre empresarios y trabajadores, conductas especulativas, en relación al funcionamiento del mercado de cambios, el estrangulamiento productivo por falta de inversión en sectores formadores de precios, etc.

Para nuestra visión, ambas visiones son parte de la explicación. La aceleración de la inflación a partir de 2012 está inevitablemente asociada al debilitamiento de las cuentas públicas del gobierno argentino, y el consecuente aumento de financiamiento a través del Banco Central, vía emisión. Esto no significa negar los problemas del sistema productivo, que también contribuyen a acelerar la inflación, sobre todo cuando el sistema productivo se encuentra cerca del pleno empleo.

En este punto, conviene observar precisamente un tema de carácter estructural, que sirve para visualizar las tendencias de largo plazo en términos de presiones inflacionarias. Se trata de la tasa de inversión que a lo largo de toda la última década se ha mostrado insuficiente para satisfacer el aumento de la demanda de bienes y servicios.

Múltiples trabajos de investigación llevados a cabo en los últimos años coinciden en que el sistema productivo argentino necesita una tasa de inversión de entre el 22% y el 24% del PBI, para sostener una tasa de aumento en torno al 5% en el nivel de actividad económica. ¿Cuál es el problema? Que la política seguida por el gobierno argentino, promovió un aumento promedio del PBI de entre el 7% y el 8% durante casi una década, con una tasa de inversión que casi nunca superó el 22%.

¿Qué significa lo anterior? Que la tasa de inversión que tuvo la Argentina era incompatible con la tasa de aumento de la actividad económica del país. El resultado de esta inconsistencia es más inflación, ya que se producen permanentes cuellos de botella sectoriales, debido a que la demanda es más dinámica que la capacidad del sistema productivo para darle respuesta. Los problemas de infraestructura energética son un ejemplo casi dramático de este análisis.

Gráfico 6. Tasa de inflación anual

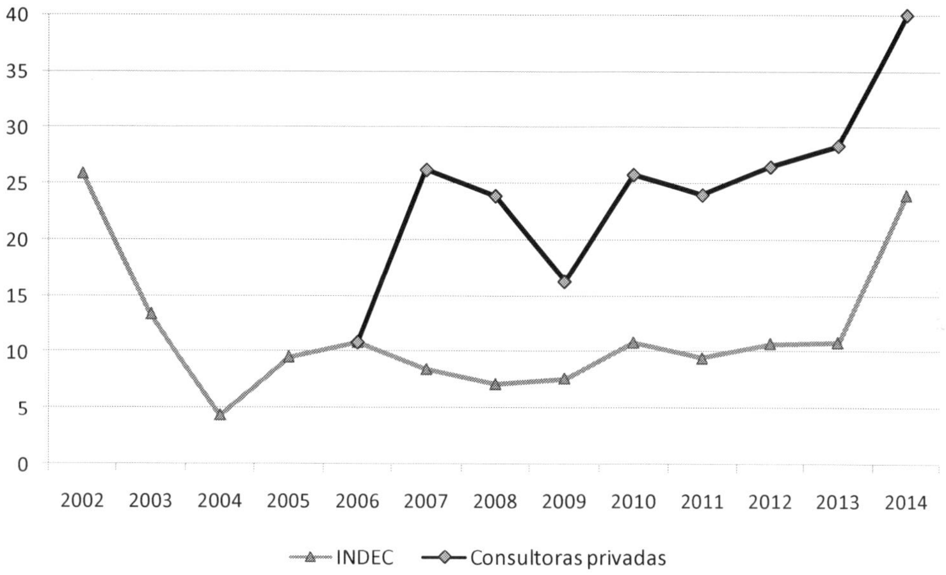

c) Pérdida de competitividad

El gráfico 7, que adjuntamos más abajo, muestra lo que se denomina el "tipo de cambio real", es decir, que mide la cotización del dólar en la Argentina, no desde el punto de vista nominal, sino en relación al resto de los precios de la economía de un país. Ya hemos expresado que la devaluación de 2002 generó un fuerte aumento en la competitividad de los sectores de bienes transables. Sin embargo, lo que muestra el gráfico es que con el correr de los años, el proceso inflacionario fue erosionando la capacidad de compra del dólar, y consecuentemente, fue debilitando progresivamente la competitividad de los sectores productivos, y especialmente de los sectores vinculados a la exportación.

El gráfico 7 muestra que el tipo de cambio real, a comienzos de 2015, se ubicaba casi en la misma línea que en 2001, es decir que se trata de un dólar "parecido" al de la convertibilidad. Esta situación ha motivado el reclamo de diversos sectores productivos hacia el gobierno, en relación a la necesidad de contar con un dólar más competitivo. El reclamo, con el argumento de que existe un evidente "atraso cambiario", explica parte de la conflictividad entre el gobierno y algunos sectores empresarios en los últimos años, pero especialmente desde 2012, cuando esta situación ha tendido a agudizarse.

Gráfico 7. Tipo de cambio real bilateral

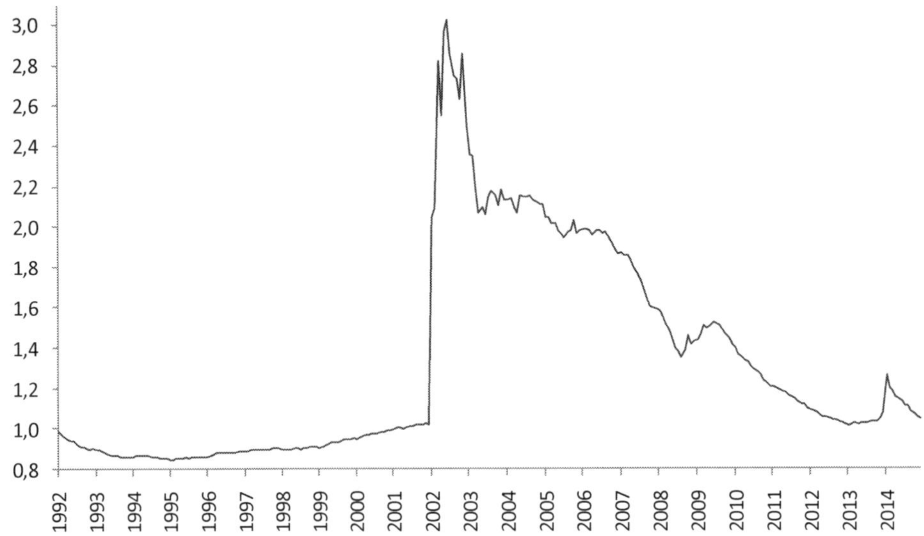

Aunque este no es el espacio para discutir quién tiene razón, nuestra lectura es que el perfil de la estructura productiva que tiene el país, y los niveles de productividad sectorial existentes, requerirían un tipo de cambio real al menos un 20% superior al que se visualiza en el gráfico para fines de 2014. Se trata de un tema sumamente controvertido, toda vez que el escenario inflacionario actual plantea un límite técnico a la capacidad de que un corrimiento del tipo de cambio nominal pueda ser efectivo en las actuales circunstancias.

Por otra parte, lo controvertido del tema excede incluso el análisis en relación a la inflación, ya que contiene algunas aristas mucho más complejas. Domingo Cavallo expresa al respecto que:

> Sostener que un tipo de cambio real equivalente al que correspondía a la relación 1 a 1 en la época de la convertibilidad significa hoy atraso cambiario, es equivocado. El dólar de hoy está muy devaluado en el mundo en comparación con el dólar de 2001, y los términos de intercambio de la Argentina son más altos que en aquel entonces. Por consiguiente, el tipo de cambio real de equilibrio debería ser menos al del 1 a 1[18].

---

18. Cavallo, D., *Camino a la estabilidad. Cómo derrotar a la inflación para avanzar hacia el desarrollo económico y el progreso social*, Buenos Aires: Editorial Sudamericana, 2014, pág. 79.

d) El Conflicto irresuelto con los Fondos Buitres

Más arriba vimos lo que significó la dura propuesta que el gobierno argentino, en 2005, le acercó a los bonistas, por la deuda que se encontraba defaulteada desde 2002, en la semana durante la cual Adolfo Rodríguez Saa fue presidente del país. Bajo la presidencia de Cristina Fernández, en 2010, el gobierno argentino volvió a hacer una nueva oferta a los bonistas que no habían ingresado al canje en un primer momento. El resultado de este "segundo llamado" fue que sólo el 7% quedó fuera del acuerdo.

Hablar con el diario del lunes es fácil, pero digamos que el gobierno argentino, a partir del éxito alcanzado en el segundo llamado al canje, se quedó dormido, con lo cual permitió que los llamados Fondos Buitres pudieran seguir articulando una estrategia para actuar en la justicia de los Estados Unidos. El analista Walter Graziano destaca al respecto que:

> En vez de resolverse el tema dándole un corte final, y depositando en algún Banco de Nueva York los bonos correspondientes a ese díscolo 7%, para que los retiraran cuando quisieran, nada se hizo. Fue un tema de pereza dejar el tema a la mitad, con la ingenua creencia de que por una ley del Congreso se enterraba a los acreedores más díscolos[19] (en referencia a la llamada "Ley cerrojo").

Al momento de escribir este trabajo, el conflicto continúa irresuelto. ¿Acaso importa? Sí, porque mientras tanto la Argentina continúa en un status internacional que no le permite regresar al mercado de crédito internacional a tasas de interés más razonables, lo cual afecta negativamente el funcionamiento del sistema productivo por diversas vías. De hecho, hay que destacar que el a todas luces "impresentable" fallo del juez Thomas Griesa, descolocó al gobierno argentino, que venía trazando una visible estrategia, desde comienzos de 2014, para reconciliarse con el sistema financiero internacional.

5.4. Reflexión sobre los ciclos económicos y el período K

Ya fue dicho que uno de los objetivos de este libro es mostrar cómo los ciclos internacionales son una pieza clave para explicar el desempeño de la economía argentina y, lo que ocurrió durante la década pasada, es un excelente ejemplo de esta lectura de la realidad.

Cuando la economía estuvo en expansión, entre 2003 y 2008, la oposición política decía que ese comportamiento se debía básicamente al llamado "viento de cola", es decir a que la economía mundial le trasladaba a la Argentina un contexto muy favorable. Sin embargo, cuando se produjo la recesión en 2009, la misma oposición política expresó que esa situación era pura y exclusiva culpa de la mala gestión del gobierno nacional,

19. Graziano, W., Op. cit., pág. 52.

soslayando que la economía mundial estaba frente a la peor crisis de los últimos 80 años. ¿No suena muy coherente, verdad?

Como contrapartida, durante dicho ciclo expansivo, el oficialismo argumentaba que éste se debía básicamente a las exitosas políticas instrumentadas por el gobierno, obviando de la explicación el impulso positivo externo sobre la actividad productiva. Sin embargo, cuando estalló la crisis mundial y la economía argentina entró en recesión en 2009, el discurso de Cristina Fernández fue que "el mundo se nos vino encima". De nuevo, y al igual que vimos con la oposición, el discurso político no respeta ninguna lógica técnica.

Volveremos sobre este tema en el próximo capítulo, cuando hablemos de las perspectivas de la economía argentina para la segunda mitad de la presente década, momento en el cual nos concentraremos nuevamente en cuál es la lectura que muestran los mercados externos y los ciclos de la economía mundial, y cómo pensamos que dicho análisis nos ayudará a evaluar la posible marcha de la economía argentina durante los próximos años, sea quien sea el próximo presidente del país.

Llegado este punto, vale la pena cerrar este capítulo con una lectura retrospectiva en relación al tema empleo e inflación. Es parte de la teoría económica que se estudia en las universidades la llamada Curva de Phillips, elaborada en 1958 por un economista australiano que seguía la línea keynesiana. Tal como se observa en el gráfico 8, la curva expresa que hay una relación inversa entre el nivel de desempleo y la inflación.

Gráfico 8. Curva de Phillips

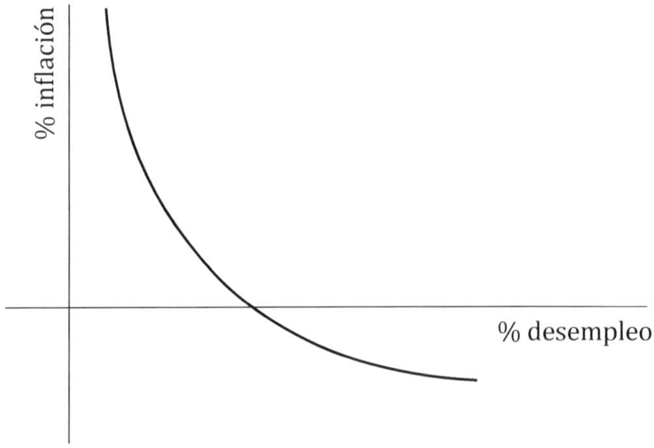

¿Qué significa esto? Que si un país priorizó en algún momento, como objetivo de política, la lucha contra la inflación, más tarde o más temprano, esto generará algún aumento en la tasa de desocupación.

Más allá del fuerte debate que aún sigue generando este aporte teórico en el pensamiento económico, lo interesante es trasladar el enfoque a la Argentina de las últimas dos décadas. Cuando Menem asumió la presidencia, estaba claro que la prioridad era la lucha contra la inflación, y el Plan de Convertibilidad tenía como eje central actuar en este sentido. La inflación fue controlada, pero a costa de generar un aumento progresivo en la tasa de desocupación, tal como destaca Phillips.

En cambio, cuando Néstor Kirchner asumió la presidencia de la nación en 2003, las prioridades, y sobre todo las demandas sociales, habían cambiado sustancialmente. La preocupación central era la desocupación, y los altos niveles de pobreza y marginalidad. En ese contexto, se entiende que las políticas instrumentadas apuntaran básicamente a conseguir estos objetivos. Pero la Curva de Phillips nos dice que esto no es gratis. Inevitablemente, las medidas adoptadas conducirían a la aparición progresiva de presiones inflacionarias.

Este tema plantea una reflexión fuerte de cara al futuro. La Curva de Phillips expresa las limitaciones de la política económica, en la Argentina, en Brasil o en Tanzania. En el corto plazo, no se puede ir por ambos objetivos de manera simultánea. En el largo plazo sí, aunque como alguna vez expresara Keynes, "en el largo plazo estamos todos muertos".

CAPÍTULO VI

Claves para interpretar el futuro del país Oportunidades y Amenazas

"Si quieres ir rápido ve solo, si quieres ir lejos, ve acompañado".

Proverbio africano - Sudán

¿Hacia dónde va la economía argentina? ¿La respuesta a este interrogante depende totalmente del perfil ideológico del próximo gobierno? Desde nuestra visión, situada en gran medida sobre el análisis de los ciclos internacionales, hay un conjunto de factores condicionantes, que se ubican por encima de quien sea el próximo presidente. A continuación haremos un repaso de dichos elementos, en términos de interpretación de posibles tendencias, con vistas a los próximos años.

6.1. Los ciclos internacionales – Fin de fiesta

La economía mundial estuvo de fiesta en la primera década del siglo XXI. A partir de 2002 se vivió un proceso expansivo, que se explica por una diversidad de factores conexos, que van desde las muy bajas tasas de interés que prevalecieron a nivel global, como al fuerte dinamismo mostrado por el sudeste de Asia, que se expresó en un aumento persistente en los precios de los commodities a nivel internacional.

Sin embargo, este fuerte proceso fue acumulando una serie de distorsiones que dieron lugar a la llamada Crisis de las Hipotecas Subprime. Al menos desde el punto de vista estadístico podemos decir que esta crisis fue la más fuerte de los últimos 80 años, es decir desde la muy famosa crisis de 1930. El gráfico 5 que adjuntamos, muestra el desempeño de la economía mundial durante esos años.

La recuperación económica que se visualiza en el gráfico para 2010, mostró ser sólo transitoria y se explica a partir de los fuertes estímulos monetarios y fiscales que tanto Estados Unidos como Europa plantearon para salir del pozo de la crisis. Sin embargo, una vez pasada esa coyuntura, la mayor parte de las economías del mundo comenzó a mostrar que la situación estaba lejos de haberse resuelto. A partir de 2011, tanto Estados Unidos, como la Unión Europea y Japón comenzaron a experimentar un proceso de desaceleración que ha persistido hasta el presente.

Como consecuencia de lo anterior, la caída en la demanda de los países centrales impactó en el funcionamiento de los países periféricos, en general. Para el caso de los llamados BRIC (Brasil, China, India y Rusia) comenzó un proceso de desaceleración, que continúa hasta el presente.

El gráfico 9 muestra el desempeño de la economía brasilera durante los últimos años. Tal como puede observarse, los ciclos de la economía mundial afectan de manera muy visible el desempeño del principal socio comercial de la Argentina. De más está decir también que existe una relación directa entre el funcionamiento de la economía brasilera y la argentina. Si la economía brasilera está mal, esto afecta negativamente el desempeño económico de la Argentina.

Gráfico 9. Crecimiento de la actividad económica brasilera

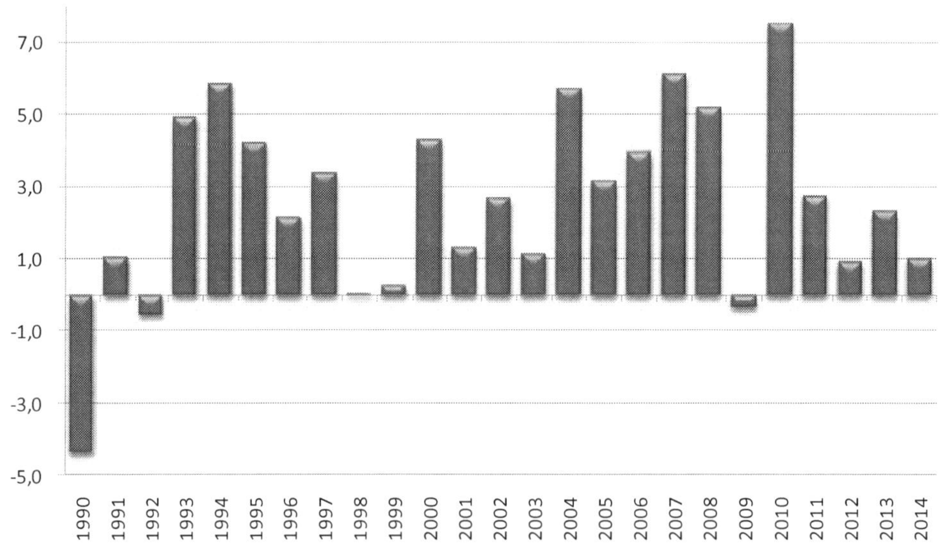

Por otra parte, una economía menos dinámica no puede convalidar precios alcistas para las materias primas. Ya hemos mencionado el gráfico 2 que muestra el desempeño del llamado Índice CRB, que mide el comportamiento internacional de los precios de más de 20 commodities. Como puede observarse, a partir de 2011 los precios tienden a mostrar un amesetamiento e incluso alguna debilidad, a diferencia del ciclo fuertemente alcista de la década anterior.

Como era de esperar, una economía mundial menos dinámica afectó negativamente el desempeño de la economía argentina. Ya hemos explicado que existe un fuerte grado de correlación entre los precios internacionales de los commodities y el desempeño del nivel de actividad económica de la Argentina. Si la Argentina tenía "viento de cola" en la década pasada, está claro que el "viento de cola" no está soplando en la primera parte de la segunda década.

Gráfico 10. Ciclo de los commodities. Kondratieff

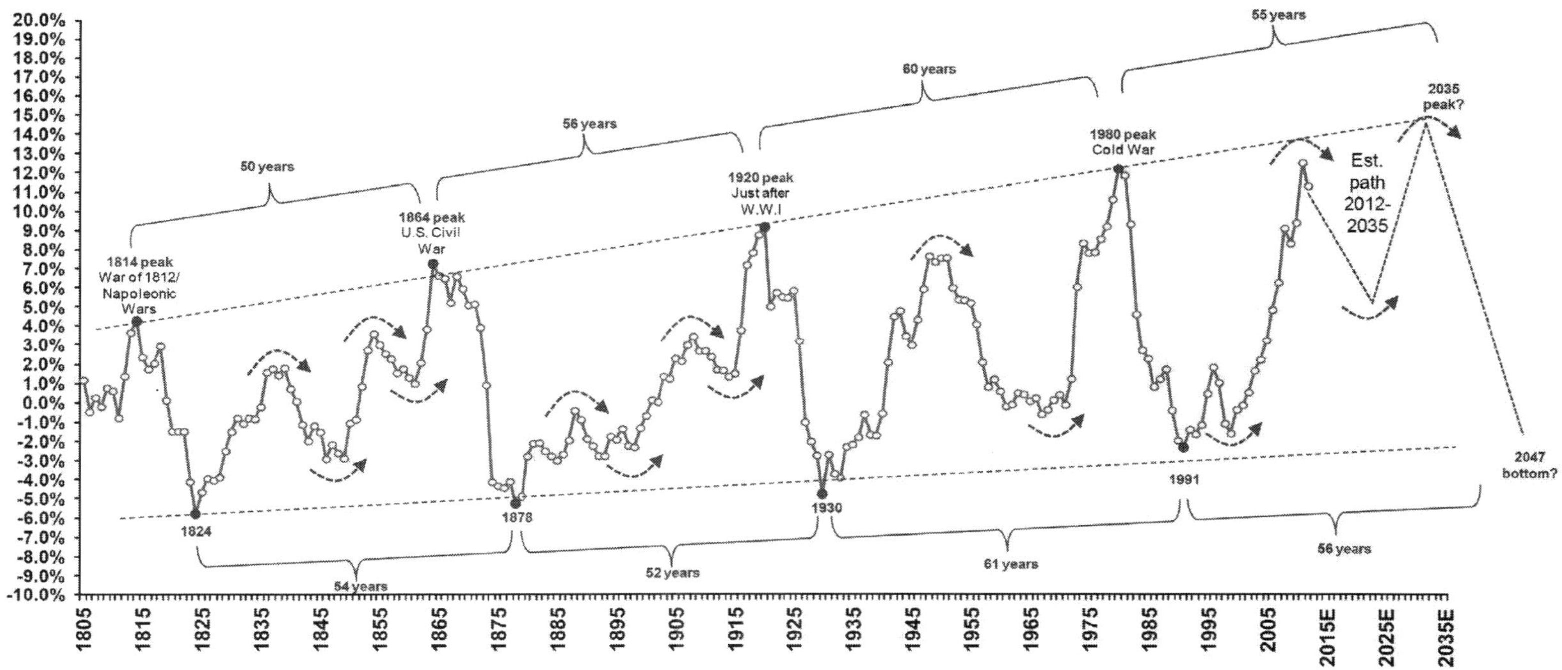

Fuentes utilizadas por el autor: Desde 1975 a 1890 el índice de commodities de Estados Unidos de Warren & Pearson. Desde 1891 a 1913 se tomó el Índice de Precios de Commodities Mayoristas de BLS y otras agencias. Desde 1914 a 1956 es un Indice de Precios al Productor para todos los commodities, y 1957 al presente es el índice CRB.

Llegado este punto conviene hacer alguna consideración sobre los precios de los commodities, pero un análisis que se sitúa más allá de la misma crisis de 2008/09, y que tiene que ver con el probable desempeño de los precios de las materias primas. El gráfico 10 muestra el comportamiento de los precios de los commodities, a nivel internacional, a lo largo de los últimos 200 años, es decir desde 1805. Dicho gráfico fue elaborado por la consultora estadounidense Stifel, Nicolaus & Company en el año 2012 y plantea consideraciones que son en gran medida compartidas por los círculos académicos. Como puede observarse, remite a Kondratieff, de quien hablamos ya en el primer capítulo de este trabajo.

El gráfico muestra que existen ciclos en los precios, con períodos de alzas y otros períodos de baja. ¿Qué argumento explicativo contiene este gráfico? Que existen etapas de alzas en los precios, cuando la demanda mundial tracciona más fuertemente que la oferta. Pero los altos precios que genera este escenario estimulan los procesos de inversión, lo cual en el tiempo genera un cambio tecnológico que multiplica la oferta, y los precios comienzan a descomprimirse progresivamente.

Un ejemplo de esta línea argumental es lo que está ocurriendo en estos momentos con el precio del petróleo a nivel internacional. Hace tan solo unos años atrás, los principales analistas de mercado pronosticaban un barril de petróleo entre 150 y 200 dólares para 2015. Sin embargo, el precio del petróleo se ubicaba a fines del 2014 apenas en torno a los 50 dólares el barril.

¿Por qué falló el pronóstico? ¿Acaso la demanda se debilitó fuertemente? En parte sí, pero la respuesta correcta pasa básicamente por el lado de la oferta. Ocurre que apareció una nueva tecnología, el fracking, que permitió aumentar la producción extrayendo petróleo y gas, no convencionales, de lugares impensados tiempo atrás. Esta nueva tecnología cambió la ecuación económica para los Estados Unidos, principal consumidor mundial de petróleo, y con ello los precios internacionales. Esta nueva tecnología no es ciertamente indiferente para la Argentina, ya que la muy promocionada producción en Vaca Muerta, entre Neuquén y Mendoza, está planteada en torno a la misma.

El gráfico con los ciclos de los commodities es muy importante para analizar el futuro de los negocios de la Argentina, sobre todo a nivel de la región pampeana, ya que permite poner en duda uno de los tantos mitos sobre el futuro promisorio del país. Dicho mito podría resumirse en una frase a nuestro criterio realmente nefasta manifestada por Eduardo Duhalde en 2002, cuando expresó en su primer mensaje presidencial, que la Argentina estaba "condenada al éxito".

El problema es que una parte de la sociedad se creyó aquel comentario. ¿En qué se basaba? En la hipótesis de que los precios de las materias primas y los alimentos mantendrían una tendencia siempre alcista en los mercados internacionales, de manera persistente e ininterrumpida, debido a que la demanda correría siempre por encima de la oferta.

Es un hecho que una parte de la sociedad argentina adhiere a este pensamiento que podríamos llamar neomaltusiano, por Thomas Malthus (1766-1834), un economista inglés que en el siglo XIX se hizo famoso al expresar que "la demanda de alimentos debida al aumento poblacional, crecía en progresión geométrica, mientras que la oferta de alimentos sólo podía crecer en una progresión aritmética, debido básicamente a la escasez de tierras de cultivo".

Malthus se equivocó, ya que no tuvo en cuenta, entre otras cosas, el cambio tecnológico, que como hemos expresado, a lo largo del tiempo siempre ha encontrado respuestas productivas para responder a los cuellos de botella que plantea el aumento persistente de la demanda mundial. Eduardo Duhalde vendría a ser un neomaltusiano. El problema es que una parte significativa de la sociedad argentina todavía cree en esos discursos, que más parecen una invitación a dormir la siesta que a preocuparse por transformar la realidad en base al esfuerzo, tanto individual como colectivo.

El problema es que el gráfico que adjuntamos, está en sintonía con lo que expresan la mayor parte de los analistas internacionales, en el sentido de que el ciclo de fuerte aumento en los precios de los commodities, que se verificó en la primera década del presente siglo, no se repetirá en los próximos años. Si esto es así, quiere decir que el famoso "viento de cola" que contribuyó a impulsar el fuerte aumento en el nivel de actividad económica del país entre los años 2003 y 2008, ya no estará presente durante los próximos años.

El hecho de que no parece muy pertinente esperar un aumento fuerte y persistente en los precios de las materias primas sin procesar durante los próximos años a nivel internacional, constituye otro argumento más, que refuerza la idea de que nuestro país tiene que hacer un esfuerzo adicional para agregar valor a la producción primaria, a través de diversos procesos de industrialización.

Suele decirse que la Argentina es un proveedor de alimentos para el mundo. ¡Se trata de un argumento falaz! La Argentina es un exportador de materias primas e insumos, para que otros países produzcan alimentos. Así por ejemplo, digamos que los habitantes de China consumen cerdos y pollos, no soja ni harina de soja, que en realidad son productos que se utilizan en la alimentación de dichos animales. ¿En qué país estamos pensando para el futuro?

6.2. La Argentina en el mundo

En el Capítulo III de este libro vimos cómo la producción argentina fue diseñada en la segunda mitad del siglo XIX para abastecer las necesidades de materias primas de parte de Europa Occidental. El gráfico 11 muestra la composición de las exportaciones argentinas por destino, en el año 1910, donde puede verse claramente el hegemónico destino europeo de la producción de la Argentina, que como ya hemos visto estaba concentrada fuertemente en materias primas sin procesar.

Gráfico 11. Participación mundial de las exportaciones argentinas

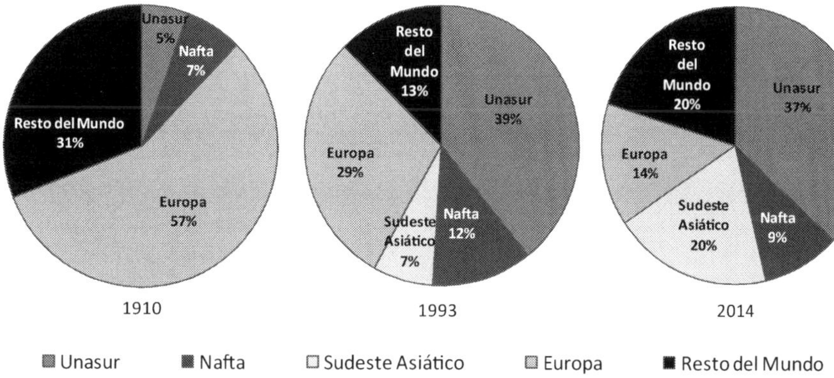

Esta situación comenzó a modificarse lentamente a partir de la crisis de 1930, ya que las políticas proteccionistas, tanto en Europa como en los Estados Unidos, obligaron a los países periféricos a mirar más hacia su mercado interno y también a diversificar el destino de sus exportaciones. Para la Argentina es en esta etapa que comienza el "descubrimiento" de los países vecinos como potenciales clientes comerciales.

Como lo que nos interesa aquí es mirar hacia el futuro, conviene comentar los contenidos del gráfico 11. En el mismo podemos observar también la composición por destino de las exportaciones argentinas, en la década del 90 y durante 2014.

A nuestro criterio, este gráfico muestra parte del futuro. ¿Por qué? La economía mundial está en un proceso de crecientes prácticas proteccionistas de parte de Europa y Estados Unidos. Estas prácticas están cerrando progresivamente dichos mercados para la mayor parte de la producción argentina.

El destino comercial de la Argentina no está en Europa o en Estados Unidos y sus satélites comerciales. Está en Asia, África y en nuestros vecinos sudamericanos. El gráfico 12, muestra nuestra hipótesis de cara al 2030, en una proyección sobre las tendencias actuales.

Gráfico 12. Participación mundial de las exportaciones argentinas. Proyección año 2030.

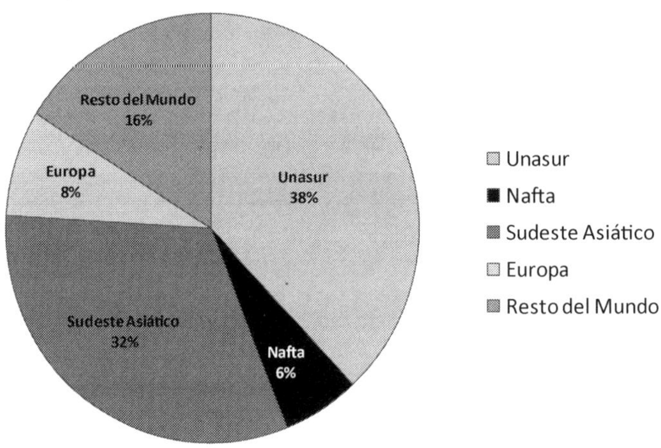

¿Por qué es importante la reflexión que genera este gráfico? Porque sería bastante grave que nos pasara nuevamente lo que nos ocurrió con motivo del famoso Pacto Roca/Runciman, firmado entre Argentina y Gran Bretaña en 1932, a través del cual se le dio una clara prioridad comercial a la relación con ese país. En aquella oportunidad no supimos interpretar los cambios que se estaban generando en las relaciones internacionales, y fortalecimos una alianza con un país que estaba perdiendo espacio en el contexto internacional. Debido a ello, Estados Unidos se molestó bastante por nuestra actitud, y a partir de ese entonces orientó sus esfuerzos hacia Brasil, dándole a ese país una clara prioridad en términos de inversión y acuerdos comerciales.

La brecha se agigantaría durante la década siguiente. La hostilidad del gobierno norteamericano hacia Argentina durante el gobierno de Perón es muy conocida. Sin embargo, se conoce menos que dicha hostilidad se tradujo en represalias comerciales que afectaron negativamente a nuestro país. Así por ejemplo, en la reconstrucción de Europa tras la guerra, a través del denominado Plan Marshall, Argentina fue desplazada deliberadamente como proveedor por imposición de Estados Unidos.

Repitamos nuevamente el concepto anterior. El futuro comercial de la Argentina no está en Europa o en Estados Unidos. Las políticas proteccionistas que llevan a cabo estos países no tienen retorno de cara a los próximos años. La Argentina en cambio, cuenta con importantes oportunidades comerciales en el Sudeste de Asia, con nuestros vecinos sudamericanos, y en menor medida también en algunas regiones de África, siempre y cuando demos los pasos adecuados, sobre todo en términos de logística comercial.

Finalmente, cabe hacer otra referencia inevitable. El destino futuro de la Argentina, en el plano comercial global, está inevitablemente unido al de Brasil, que es nuestro principal socio comercial y estratégico, en el ámbito del Mercosur. Se ha escrito mucho sobre los inocultables problemas bilaterales, y la pérdida de dinamismo que experimentó el Mercosur en la última década, otro hecho también imposible de refutar.

Sin embargo, y pese a lo anterior, todo indica que los intereses globales marcan la necesidad de que Argentina apueste a una mayor articulación económica con Brasil, no sólo en el plano de la relación comercial bilateral, sino en términos de plataforma conjunta para abordar terceros mercados en forma asociada, tanto con la mirada puesta en el Sudeste de Asia, como en relación al creciente mercado africano.

En ese marco, rescatamos la opinión de Aldo Ferrer, en términos de una posible hoja de ruta con Brasil al expresar que:

> Las diferencias actuales de dimensión de las economías no debe inducir a la suposición de que el destino de la relación bilateral es reproducir, en el espacio regional, una relación centro/periferia entre un Brasil industrial y una Argentina proveedora de alimentos y materias primas.
>
> Tenemos por delante el desafío de construir una relación viable, mutuamente conveniente, para lo cual la Argentina tiene que ampliar y profundizar su desarrollo industrial y tecnológico, integrar una cadena de valor de la producción primaria con la participación creciente de componentes provenientes de nuestro propio acervo, impulsar el protagonismo de las empresas argentinas y, en este escenario, generar una dinámica de integración creciente entre empresas de ambos países y de cadenas de valor binacionales y el acceso conjunto a los mercados internacionales.

6.3. La Estructura Productiva

El gráfico 13, elaborado por Orlando Ferreres, muestra la estructura productiva argentina a lo largo de las últimas décadas. Un dato llamativo es cómo en la década del 90, los sectores de servicios ganaron un espacio, que perdieron posteriormente tras la fuerte devaluación del final de la convertibilidad. Tal como analizamos en el Capítulo III de este trabajo, los precios relativos de la economía argentina estuvieron a favor de la rentabilidad de los servicios durante la convertibilidad, situación que se modificó a partir de la devaluación, que cambió la estructura de precios relativos, en favor de los llamados bienes transables.

Gráfico 13. Distribución por sectores del PBI

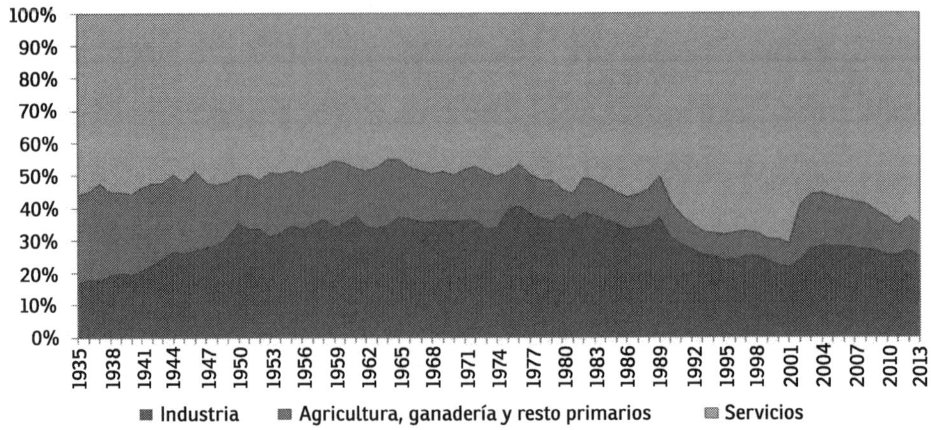

Sin embargo, el gráfico 13 no nos dice gran cosa en términos de cómo podríamos pensar el país de cara al futuro, ni tampoco al momento de desentrañar la diversidad de problemas que se esconden en la estructura productiva argentina en la actualidad.

A los efectos de ser didácticos, en relación a un tema tan complejo, vamos a tomar prestada una clasificación sobre los sectores productivos de la Argentina que presentó ya hace algunos años un reconocido investigador de la CEPAL, Daniel Heymann. Vamos a aclarar que, como toda clasificación, la misma expresa una simplificación de la realidad, pero nuevamente vamos a apelar a Gasalla (exagero para fijar la idea) para expresar nuestra intencionalidad. La clasificación elaborada por Daniel Heymann divide a los sectores productivos de la Argentina en cuatro grupos, a saber:

Grupo 1 - Cadena de agroalimentos de la región pampeana

Se trata de los sectores orientados básicamente a la exportación de commodities, que componen una cadena productiva con eslabones altamente tecnificados y con mano de obra bastante calificada. Estos sectores son competitivos a nivel internacional y generan divisas para el país. En términos de ejemplo, se ubica el llamado complejo sojero, pero que también incluye a otros segmentos, en general vinculados a los granos y otras materias primas sin demasiados procesos (el sector minero, por ejemplo).

Grupo 2 - Sectores industriales y de servicios urbanos eficientes

En la Argentina hay muchos ejemplos, a nivel microeconómico, de empresas, tanto en relación a la producción de bienes como de servicios que también cuentan con recursos humanos calificados, tienen incorporados procesos tecnológicos que los hacen competitivos a nivel internacional, y que también pueden generar divisas para el país cuando se orientan al mercado externo. Aquí hay empresas industriales, pero también tecnológicas, de software, etc.

Grupo 3 - Economías regionales
Aquí se ubican segmentos productivos con baja tecnología, mano de obra escasamente calificada. Se trata de ejemplos como la yerba mate, el azúcar, algodón, etc., donde predominan prácticas minifundistas. Estos sectores son escasamente competitivos, no generan divisas y requieren, en casi todos los casos, de la protección del Estado frente a la competencia externa y habitualmente subsidios para sostener a los eslabones productivos más débiles de la cadena.

Grupo 4 - Sectores urbanos empobrecidos
En este grupo se incluye a diversos sectores productivos, sobre todo ubicados en los grandes centros urbanos, que operan básicamente en las áreas de servicio, donde se observan bajísimos niveles de productividad, abundancia de mano de obra con muy escasa calificación, marginalidad fiscal y escaso apego a las normas. Gran parte de la intermediación comercial se ubica en este rango, pero también hay empresas vinculadas a algunos rubros industriales, sobre todo en alimentos.

La clasificación de Heymann a pesar de su simplicidad, es muy gráfica a la hora de evaluar dónde estamos parados como sociedad y qué estrategias se pueden plantear de cara al futuro. Si trazamos una línea que separe a los sectores 1 y 2 por un lado y a los sectores productivos 3 y 4 por el otro, nos vamos a encontrar con que la mayor parte del empleo en la Argentina se ubica de la línea para abajo.

El cuadro 14 resume el contenido de esta lectura de la realidad productiva del país. ¿Qué hace el Estado frente a semejante foto? Impone una fuerte presión impositiva sobre los dos sectores que son competitivos, y transfiere esos recursos a los otros dos sectores a través de diversos mecanismos directos e indirectos de subsidio. En el tiempo, la respuesta de los sectores que se ubican por encima de la línea es reclamar por una baja en la presión impositiva, que se ha hecho cada vez menos sostenible en la medida que los precios internacionales se fueron descomprimiendo (es decir, en la medida que el famoso "viento de cola" se fue debilitando). Sin embargo también está claro que la suspensión del flujo de recursos, en términos de transferencia, generaría tensiones sociales muy difíciles de administrar.

Gráfico 14. Sectores económicos en Argentina

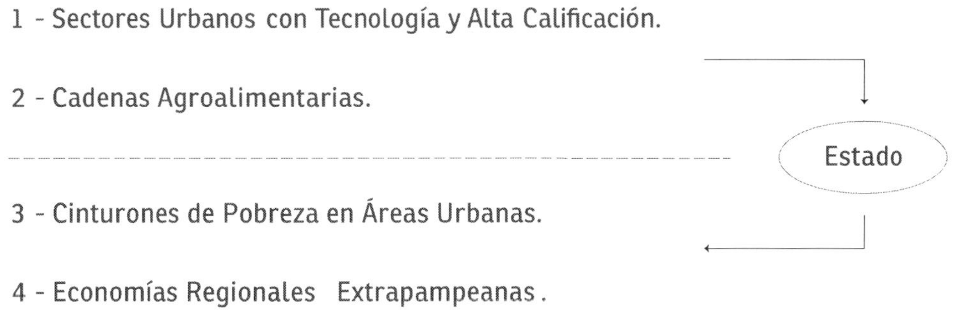

Una visión parecida a la de Heymann es la que expresa en su análisis sobre los sectores productivos José María Fanelli. Este investigador expresa al respecto lo siguiente:

> Cuando los rendimientos crecientes no están distribuidos de manera uniforme en las diversas actividades y hay períodos de aceleración y desaceleración en el crecimiento, el cambio y la heterogeneidad caracterizan a la estructura productiva. Esto es así en la medida que, en cada momento, hay una mezcla dada de actividades con rendimientos tanto crecientes, como constantes o decrecientes que, por ende, tendrán distinto potencial para aportar al crecimiento y para sobrevivir a un mundo competitivo. En línea con esta visión, al analizar la estructura productiva y su cambio en el caso de Argentina, resulta conveniente concebirla como compuesta por tres sectores: moderno, tradicional y de subsistencia. Estos tres sectores se diferencian en el nivel de productividad media del trabajo y en su capacidad para hacerla crecer de manera sostenida[20].

A nivel internacional, un reconocido experto en desarrollo, Dani Rodrik expresa que:

> Hay dos formas de colmar el desfasaje entre los sectores de vanguardia y los retrasados de la economía. Una es la que permite que las empresas pequeñas y las microempresas crezcan, entren en la economía estructurada y lleguen con el tiempo a ser más productivas, todo lo cual requiere la eliminación de muchos obstáculos. La segunda estrategia consiste en aumentar las oportunidades de las empresas modernas y afianzadas para que puedan ampliarse y emplear a nuevos trabajadores que, de lo contrario, acabarían en sectores menos productivos de la economía.

Ahora bien: ¿qué país queremos de cara al futuro? ¿Cuál sería una estrategia sostenible en el tiempo? ¿Hasta dónde es sostenible una política de transferencias intersectoriales sin un horizonte de transformación de los sectores menos competitivos, para que, en alguna instancia futura, sean capaces de sostenerse sin una política de subsidios?

Volviendo al cuadro de Heymann, resulta razonable plantearse la necesidad de una política de mediano y largo plazo que permita que, de manera progresiva, al menos una parte de los sectores que se ubican debajo de la línea consiga situarse por encima. Al hablar de mediano y largo plazo estamos convalidando la visión de que se trata de procesos lentos, que llevan años. El problema es que todo indica que no hay al presente una visión estratégica en relación a este tema, ni en el oficialismo ni en la mayor parte de la oposición política.

6.4. El proceso de inversión

Toda estrategia de desarrollo a nivel de un país requiere de una política de inversión, y también debería quedar claro que no hay inversión si no hay una capacidad de aho-

---

20. Fanelli, J. M., *La Argentina y el Desarrollo Económico en el siglo XXI. ¿Cómo pensarlo? ¿Qué tenemos? ¿Qué necesitamos?*, Buenos Aires: Siglo XXI Editores, 2012, pág. 90.

rro previa. ¿Inversión interna, de capitales nacionales o inversión extranjera directa? ¿Basta con el ahorro interno o hay que apostar al ingreso de capitales externos porque la capacidad de ahorro local es insuficiente?

Los interrogantes arriba planteados han girado en la política argentina durante casi toda nuestra historia, y particularmente con altos noveles de conflictividad, sobre todo desde la segunda post guerra hasta el presente. Un tema que divide a sociedad, a los políticos, y por supuesto, también a los grupos de poder económico.

Digamos que Juan Perón confiaba en poder industrializar el país con recursos propios. El primer Plan Quinquenal, que impulsó la llamada industria liviana, entre los años 1947/52, se llevó a cabo en gran medida con las divisas que habían generado las exportaciones de granos y carnes durante la Segunda Guerra Mundial, momento en el cual se verificaron muy buenos precios, que Argentina supo aprovechar.

Vamos a atrevernos aquí a plantear algo que no está escrito en muchos lugares. Está claro que Perón gastó muchos recursos en el Primer Plan Quinquenal, y tenía pocos recursos para avanzar sobre la segunda etapa de industrialización, la llamada industria pesada (siderurgia, petroquímica, etc.). Pero Perón era optimista en este punto porque suponía que era inminente una Tercera Guerra Mundial (en la segunda mitad de la década del 40 se suponía que Estados Unidos y la Unión Soviética se enfrentarían finalmente).

La hipótesis de Perón era que una nueva Guerra Mundial volvería a generar muy altos precios para las materias primas que exportaba la Argentina, y que eso generaría los recursos para impulsar la segunda etapa de industrialización, lo cual transformaría al país en una potencia internacional, con un sistema industrial altamente integrado. El problema fue que la guerra que Perón esperaba nunca llegó y el Presidente fue finalmente desplazado del gobierno sin poder cumplir su sueño de completar el proceso de industrialización.

Esto explica que Arturo Frondizi, presidente entre 1958 y 1962, se planteara completar el proceso de industrialización inconcluso. Pero había un problema central, y era de dónde saldrían los recursos. El diagnóstico en ese momento fue que la tasa de ahorro interna no alcanzaba para poder impulsar una tasa de inversión adecuada para semejante desafío. La solución entonces fue abrir la economía al ingreso de capitales externos. Los acuerdos petroleros con empresas norteamericanas y la llegada masiva de otras empresas internacionales fueron parte de esta nueva lectura de la realidad.

Mucho más cerca en el tiempo, cuando Cavallo se hizo cargo del Ministerio de Economía de la Nación, en abril de 1991, se volvió a plantear explícitamente un diagnóstico parecido. Argentina había tenido un desempeño muy mediocre a lo largo de la década del 80 y había perdido el tren del proceso tecnológico internacional. Recuperar el tiempo perdido implicaba dar un salto muy fuerte en la tasa de inversión.

El planteo de Cavallo fue que la tasa de ahorro de los argentinos era absolutamente insuficiente a la hora de impulsar una tasa de inversión por encima del 20% del PBI, que se hacía necesaria para que el país pudiera avanzar. La solución, por una parte, era abrirse al ingreso de los capitales externos en términos de inversión directa, pero además también se planteó la necesidad de crear las condiciones para el ingreso de capitales financieros, aún de corto plazo, de carácter especulativo.

¿Qué tengo que hacer para que alguien traiga su dinero a un país como el nuestro? Crear las condiciones necesarias, en términos de mayor confianza. Si quiero que alguien venga, tengo que mostrarle que puede salir cuando quiera. Flexibilizaciones a nivel del sistema financiero, eximición de impuestos a la renta financiera, más facilidades para la remisión de utilidades al exterior, etc. Cavallo articuló un verdadero cóctel de beneficios, que apuntaban a dinamizar el ingreso de capitales al país.

A esta altura del análisis, conviene que distingamos entre inversión extranjera directa (ingreso de capitales para comprar una fábrica, por ejemplo), del capital financiero (dinero que ingresa para aprovechar una diferencia en la tasa de interés en el sistema financiero) (convengamos que la distinción de capitales especulativos de los productivos es casi ideológica, pero poco útil al momento de graficar los procesos que queremos identificar).

Está demás decir que esta estrategia planteada por Cavallo, llevada a cabo con mucha fuerza en la década del 90, le dio un nuevo y vigorizado impulso al proceso de extranjerización del sistema productivo argentino, proceso que caracterizó a la tercera etapa del país, que ya evaluamos en el Capítulo III de este trabajo.

¿Hay otra forma de hacer las cosas? El tucumano Prebisch, entre otros, pensaba que sí. Él consideraba que no había más remedio que socializar el excedente económico. En un escrito realizado al final de su vida, lo expresa de la siguiente forma:

> Se impone para ello socializar el excedente, pero no para acentuar la concentración del capital, sino para redistribuirlo progresivamente a toda la fuerza de trabajo. Esta redistribución constituye, a mi juicio, el medio más eficaz para lograr progresivamente la equidad distributiva del sistema, sin perjuicio de medidas inmediatas que mejoren el consumo privado y social de los estratos rezagados[21].

El modelo simplificado de Heymann remite también a este tema. Las retenciones a las exportaciones, por ejemplo, pueden ser vistas en esta dimensión. Cuando Prebisch habla de socializar el excedente se está refiriendo a herramientas como esa, de carácter impositivo. Quitarle parte del excedente a un sector, para transferírselo a otro, o generar un nuevo proceso de inversión en otros sectores que, por sus propios medios, no cuentan con los suficientes recursos propios para impulsar políticas de desarrollo sectorial.

Sin embargo, cuando vemos al gobierno argentino actual planteando alianzas internacionales para desarrollar Vaca Muerta, estamos frente al reconocimiento de que no se cuenta con suficientes capitales para hacerlo sólo con la capacidad de inversión de YPF, y también estamos asumiendo que la capacidad de ahorro local, a través del sistema financiero nacional, no puede canalizar la suficiente cantidad de recursos como para encarar semejante proyecto por nosotros mismos.

---

21. Prebisch, R., *Planificación, desarrollo y democracia.* Crítica & Utopía latinoamericana de Ciencias Sociales, Buenos Aires: El Cid Editor, 1979, pág. 86.

Aquí vamos a las ineficiencias del sistema financiero argentino y su escasa capacidad para impulsar inversiones productivas. La reforma de la Carta Orgánica del Banco Central, realizada en 2012, es un intento para cambiar la histórica tendencia del sistema financiero argentino de priorizar la rentabilidad de corto plazo.

Veamos la conducta tradicional de los bancos a través de un simple ejemplo ¿para qué dar un crédito de 100 pesos a una empresa, a largo plazo y a una tasa razonable, para un proyecto de inversión productivo, cuando puedo dar 100 créditos de 1 peso a diferentes personas, para comprar bienes de consumo, con una tasa de interés superior? La segunda opción es más rentable y además menos riesgosa, ya que el riesgo queda atomizado en muchos créditos chicos. ¿Cuál es la reflexión entonces? Que sin regulaciones adecuadas, los bancos privados seguirán jugando su propio partido, lo cual no necesariamente es lo que el país necesita, en términos estratégicos.

6.5. El rol del Estado

Una vez Ronald Reagan, presidente de los Estados Unidos en la primera mitad de la década del 80, expresó en una frase que se hizo célebre, lo siguiente: "El gobierno no es la solución a nuestros problemas. El gobierno es el problema". Ya hemos visto en el Capítulo IV cómo este presidente, junto a Margaret Thatcher en Inglaterra, estuvieron al frente de la ola neoliberal que hegemonizó las políticas económicas entre las décadas del 80 y el 90. Como ya analizamos también, este mensaje fue el que intentó inculcar Estados Unidos en los países latinoamericanos a través del llamado Consenso de Washington, con bastante éxito, en la década del 90.

Como ya dijimos, la elite que comandó los destinos de la Argentina desde la Organización Nacional en 1862, y durante la mayor parte de la llamada Etapa Primario Exportadora, era marcadamente liberal. En la visión liberal, el Estado justificaba su existencia a los efectos de garantizar los derechos de propiedad privada y la provisión de algunos servicios públicos esenciales, como justicia, seguridad y defensa.

Con libertad absoluta para moverse y competir, los agentes económicos pondrían sus recursos allí donde el beneficio sea mayor, y los recursos fluirían entonces naturalmente hacia las actividades donde la productividad fue más alta. El famoso libre juego de la oferta y la demanda que generaría el mejor de los escenarios económicos posibles. Se ha dado en llamar Estado Gendarme a los gobiernos de corte liberal que operaban en este contexto.

Contra lo que algunos liberales extremistas suelen plantear, la visión liberal más tradicional no dejaba de tener en cuenta la intervención estatal para regular los mercados. Esto estaba convalidado cuando se corría el peligro de que algún nivel de concentración empresarial, en algún mercado específico, pusiera en peligro la libre competencia. Esto explica que Estados Unidos contara con leyes antimonopólicas desde comienzos del siglo XX.

Sin embargo, una cosa es la teoría y el análisis académico y otra, a veces muy distinta, la realidad concreta. Aquí ya desde la misma visión Neoclásica, entraba en juego el debate sobre la calidad de las instituciones. ¿Tendría el Estado el poder suficiente como para controlar y regular a los grupos oligopólicos y a los mismos monopolios, imponiéndoles condiciones, cuando su posición dominante juega en contra de los intereses del resto de la sociedad?

Más allá de lo anterior, y tal como vimos en el Capítulo IV, la crisis mundial de 1930 obligó a casi todos los países del mundo a revisar esta interpretación del rol del Estado. Las lecturas keynesianas plantearon nuevos roles para el Estado, bajo una visión menos idílica que la que habían supuesto los liberales. A partir de la década del 30, pero particularmente en el llamado período de Posguerra Mundial, se reconoció que el Estado, además de garantizar la prestación de los servicios públicos esenciales también debía cumplir otras funciones adicionales, a saber:

a) Aplicar políticas anticíclicas, que permitieran evitar, anticipándose, fuertes fluctuaciones en el nivel de actividad económica en un país. Esto implicaba aceptar la aplicación de políticas intervencionistas de parte del Estado.

b) Propender a una mejor distribución del ingreso. Este en realidad no era un planteo centralmente ético, sino que respondía a la visión keynesiana de que una distribución más equitativa alentaba la demanda de bienes.

c) Promover el desarrollo económico. Esta función del Estado quedó planteada sobre todo a partir de la segunda mitad del siglo XX para los países periféricos, que necesitaban impulsar políticas que permitieran mejorar la infraestructura productiva y otros aspectos tendientes a impulsar la producción. En este marco, los gobiernos latinoamericanos, también promovieron la participación del Estado en la actividad productiva y de servicios, a través de empresas públicas, con suertes diversas en términos de competitividad.

Fue contra este esquema que reaccionó en la décadas del 70 y del 80 el pensamiento neoliberal, que en la Argentina tuvo un antecedente bajo el Gobierno Militar de Onganía, pero que comenzó a aplicarse claramente durante el Gobierno Militar a partir de 1976, bajo la dirección técnica de Alfredo Martínez de Hoz, y que llegaría a su aplicación definitiva, bajo los parámetros del Consenso de Washington, durante el gobierno de Carlos Menem, tal como vimos en el Capítulo III.

El colapso de la economía argentina en diciembre de 2001, volvió a poner sobre la mesa un histórico debate en relación a qué sector público necesita el país. A partir del gobierno de Néstor Kirchner, se renovaría nuevamente una visión sobre el rol del Estado, bastante parecida a que la que prevalecía entre las décadas del 50 y el 70, es decir con un perfil activo, y fuertemente intervencionista.

6.6. Crecimiento, Desarrollo y Bienestar

Muchos historiadores gustan de hacer comparaciones entre la Argentina actual y la de 1910, cuando se conmemoró el centenario de la Revolución de Mayo. Para ese entonces, el ingreso per cápita de la Argentina estaba entre los diez mejores del mundo y era, de hecho, superior al de la mayor parte de los países de Europa.

El problema es que el ingreso per cápita, medido en dólares, no es el mejor indicador para medir el bienestar de una sociedad. De hecho, el gobierno argentino de ese entonces contrató al catalán Bialet Massé, para que hiciera un informe sobre la situación social y sanitaria del país. Cuando después de recorrer todo el país, el técnico entregó el trabajo, el gobierno argentino ni se atrevió a publicarlo. La mayor parte de la sociedad vivía en condiciones lamentables, no sólo en términos de muy bajos ingresos, sino en condiciones sanitarias deplorables, y en viviendas también lamentables. ¡Vaya descubrimiento! ¡No todos vivían en la Recoleta!

Convengamos que medir eficientemente el bienestar siempre fue un tema difícil. Hacer una estadística confiable tampoco es fácil. Toda estadística plantea una simplificación de la realidad, siempre compleja y difícil de encasillar en un número.

Desgraciadamente, la estadística perfecta aún no fue inventada. Sin embargo, las Naciones Unidas (ONU) conscientes de la debilidad explicativa que encerraba el indicador del tradicional "ingreso per cápita", medido en dólares, elaboró en la década del 90 un nuevo indicador, cuya confección encargó a un joven economista indio, Amartya Sen, luego Premio Nobel de Economía. En su trabajo, Sen elaboró un indicador de bienestar, denominado Índice de Desarrollo Humano (IDH), que toma en cuenta tres indicadores claves; a saber: salud, educación e ingreso per cápita.

El IDH puede oscilar entre dos extremos que van de 0 a 1. Uno sería el paraíso, y cero el infierno. El último relevamiento indica que Noruega, que ocupa el primer lugar del ranking, tiene 0,944 de IDH, que sería lo más cerca del paraíso, mientras que Níger, en el puesto 187, tiene un IDH de 0,337 que vendría a ser lo más cercano al infierno. En tren clasificatorio, la ONU separó a los 180 países miembros de la Organización en cuatro grupos. El gráfico 15 que adjuntamos, muestra la composición, y el lugar que ocupan algunos países latinoamericanos.

Gráfico 15. Índice de Desarrollo Humano

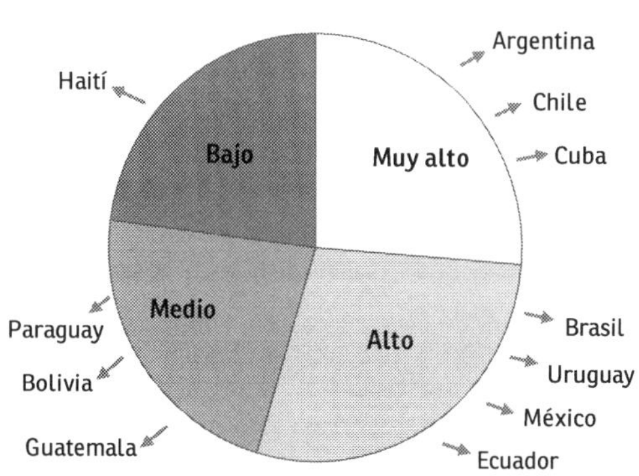

Al ver estas estadísticas, es común que haya gente a la que le sorprende que Argentina se encuentre incluido en el grupo más selecto, aunque se ubique en zona de promoción. Lo que hay que recordar aquí es que se trata de un promedio. En realidad,

Argentina ha tenido históricamente respetables sistemas educativos y una porción significativa de la población con accesos a los servicios de salud.

Sin embargo, hay una variable ciertamente clave donde la Argentina muestra un deterioro a lo largo de las últimas décadas, que juega en contra de cualquier indicador de bienestar. Se trata de la distribución del ingreso dentro de los distintos segmentos de la sociedad. Esta variable, que fuera un orgullo de la sociedad argentina, entre las décadas del 50, 60 y 70, y que dio pie a hablar de la famosa "clase media argentina", sufrió un proceso de degradación a partir del Golpe Militar de 1976 que no se ha podido revertir seriamente, a pesar de las políticas instrumentadas en este sentido a partir de 2003.

El gráfico 16 muestra la distribución del ingreso en la Argentina en las últimas décadas. Una sociedad con una distribución del ingreso cada vez más inequitativa, es ciertamente una sociedad cada vez más injusta, lo cual no sólo tiene que ver con las motivaciones, en términos de progreso social. También tiene que ver, por ejemplo, con la violencia.

Gráfico 16. Distribución funcional del ingreso
Participación de la masa salarial en el PBI

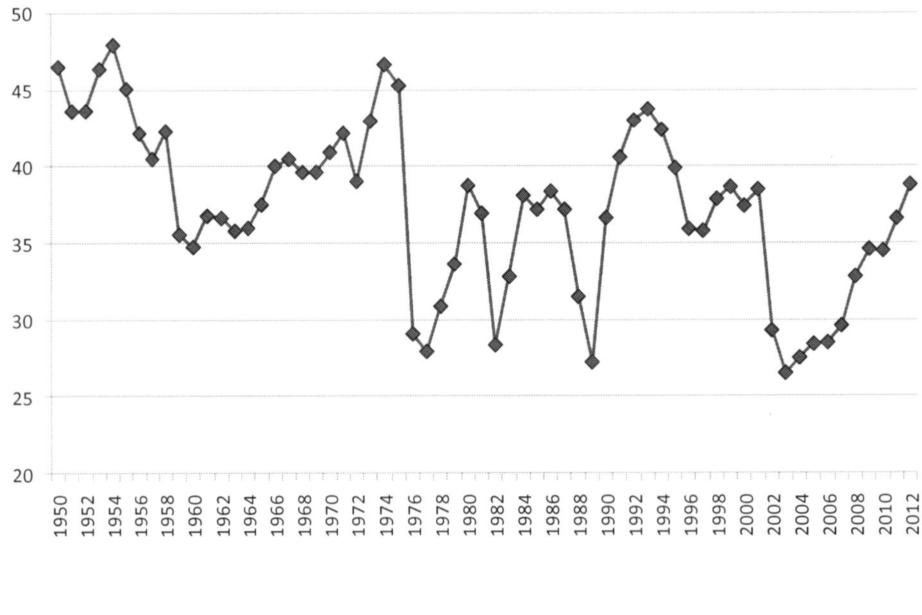

Desde una mirada con sesgo económico, prácticamente todos los autores coinciden en que la violencia está vinculada con la pobreza, pero también con las fuertes diferencias en los niveles de ingreso, es decir con la desigualdad. En su libro *Sin Atajos*, Javier González Fraga destacaba ya en 2005 lo siguiente:

> el aumento de la desigualdad en la distribución de los ingresos ha sido destacado por numerosos estudios empíricos como un factor explicativo muy relevante a la hora de explicar el alza en los índices delictivos, aún en los casos en los que el PBI per cápita se mantiene

constante o incluso aumenta. Asimismo, dichos estudios sugieren que, en comparación con la desigualdad de ingresos, el aumento de la pobreza tiene un impacto menos significativo sobre los niveles de delito[22].

En relación a este tema, hay alguna gente grande que a veces me recuerda, con alguna nostalgia, que en mi ciudad natal, Villa María, en la década del 70, la gente no le ponía llave a sus casas durante el día, y que las personas que tenían vehículo, solían dejarlo en la calle con la llave puesta. ¿Suena increíble? Ocurre que en la década del 70 las estadísticas de la Argentina eran otras. Sólo el 5% de la sociedad se encontraba por debajo de la línea de pobreza, con una desocupación también por debajo del 5% y una distribución del ingreso que jamás volvería a repetirse en las décadas siguientes. Era ciertamente, otro país.

Alguien podrá argumentar en relación a esto, que el proceso de redistribución regresivo en el ingreso no es sólo un problema de la Argentina, sino que se trata de un proceso global, que incluso está generando consecuencias indeseables, desde el punto de vista social, en los mismos países desarrollados. De hecho, está en la tesis central del reconocido trabajo académico de Tomas Piketty, que ya hemos mencionado. El problema de la Argentina, como siempre ocurre, no es la dirección, la tendencia, que sería más o menos la misma, sino la magnitud del cambio.

Finalmente, está claro que la distribución del ingreso en una sociedad, es un tema que está íntimamente ligado al nivel de los salarios. Como ya expresáramos, en la etapa de Industrialización, entre 1930 y 1976, se priorizó la visión del salario como componente de la demanda interna, que se quería promover, lo cual explica la existencia de salarios relativamente elevados. En cambio, en la etapa liberal se promovió una economía abierta a los mercados mundiales, momento en el cual el salario pasó a mirarse desde el lado de la oferta, es decir como un componente más del costo de producción, razón por la cual se intentó bajarlo en términos reales. La etapa K, vuelve a mostrar un aumento en los salarios en términos reales, lo cual es funcional a los objetivos de política económica planteados durante los últimos años.

6.7. La dimensión cultural e institucional del desarrollo

A fines de la década del 90, un economista norteamericano, Lester Turow, escribió un libro llamado *La guerra del siglo XXI* que generó una gran polémica por entonces. En éste puede leerse lo siguiente:

> Desde el punto de vista práctico, todos los recursos naturales se han apartado de la ecuación competitiva. Tenerlos no es la clave para enriquecerse. Carecer de los mismos no es un obstáculo para enriquecerse. Japón no los tiene y es rico. Argentina los tiene y no lo es[23].

---

22. González Fraga, J. y Lousteau, M., Op. cit., pág. 156.
23. Turow, L., *La guerra del siglo XXI*, Buenos Aires, pág. 21.

El planteo de Lester Turow tenía que ver con la contrastación entre el tradicional concepto de ventajas comparativas, que venía del viejo análisis de David Ricardo (que ya analizamos en el Capítulo IV) y el más nuevo de ventajas competitivas, elaborado en la década del 90. A comienzos del siglo XX, prevalecía la visión de que la riqueza de un país tenía bastante que ver con los recursos naturales, lo cual hacía a una lectura bastante estática del concepto de riqueza.

Está claro que esta visión fue progresivamente cambiando a lo largo del siglo XX. El concepto de ventajas competitivas remite a una visión más dinámica, donde la riqueza de un país ya no descansa sobre sus recursos naturales, estáticos, sino sobre su capacidad para generar nuevos espacios productivos, lo cual remite a las capacidades tecnológicas y a la calificación de los recursos humanos, también a la capacidad institucional.

El ejemplo tomado por Lester Turow entre Japón y Argentina remite a que la diferencia hay que buscarla en los recursos humanos. ¿Planteo racista? ¡Por supuesto que no! El planteo de Lester Turow estaba lejos de eso, al tomar el ejemplo precisamente de Japón. ¿Por qué? Porque ese país es un fuerte y reconocido caso de cómo una sociedad puede cambiar de manera relativamente rápida. Japón era hacia 1870 un país casi feudal, sumamente atrasado en términos tecnológicos y productivos, cerrado al mundo desde todo punto de vista. En pocas décadas, a partir de una firme decisión de transformar la sociedad, el país pasó a ser la primera potencia de Oriente.

El problema de la Argentina son los argentinos, se suele escuchar. En la clasificación que vimos en el Capítulo II, éste sería un argumento planteado en la dimensión cultural del desarrollo. El problema de la Argentina son sus instituciones, podría ser otro hilo conductor, en este caso planteado en la dimensión institucional. Como también expresamos en el Capítulo II, las tres dimensiones del análisis, al incluir la dimensión económica, interactúan de manera permanente.

Este trabajo prioriza el análisis económico, pero está claro que si en la Argentina no se producen cambios en la matriz institucional y cultural, es poco probable que podamos avanzar algunos casilleros en términos de desarrollo. La Argentina no se caracteriza, como hemos visto en los capítulos anteriores, por ser un ejemplo de calidad institucional. Las frecuentes crisis que atravesamos como sociedad son un reflejo de esta problemática, y a la vez una fuente de nuevos retrocesos.

En su libro para intentar pensar al país, José María Fanelli, destaca al respecto lo siguiente:

> En la Argentina las crisis, al ser sistémicas, destruyen gran cantidad de reglas de juego, desde contratos financieros hasta sistemas jubilatorios y, en este sentido, actúan como verdaderas usinas de incertidumbre estratégica que se esparcen por el sistema y deterioran el funcionamiento de las organizaciones en el nivel microeconómico. Cuando se destruyen instituciones se destruye conocimiento[24].

---

24. Fanelli, J. M., Op. cit., pág. 133.

Pero es la propia estructura institucional del país la que explica que las crisis sean tan recurrentes en la Argentina. La frecuencia de las crisis tienen su base explicativa en que benefician claramente a algunos sectores de la sociedad, concentrados y minoritarios, pero con una alta cuota de poder.

Desgraciadamente, un cambio en las instituciones, sólo puede generarse a partir de un cambio en la actitud de la población. Hace ya algún tiempo, escuché un comentario radial interesante sobre este tema del Rabino Bergman, que me parece útil repetir aquí. Expresó que: "Cuando yo era adolecente (década del 70), los padres le decían a sus hijos que participar (en política, se entiende) era peligroso. Hoy los padres tienen que decirle a sus hijos que no participar es lo peligroso".

Si algo consiguió la última dictadura fue instalar en una parte significativa de la sociedad la cultura del individualismo y la no participación a nivel institucional. Y una parte significativa de la sociedad se refugió en sus intereses personales vaciando así de contenido los partidos políticos, pero también las Cooperativas, los Clubes, la Cooperadora del Colegio. A quien esto escribe le resulta ciertamente patético ver cómo en muchas localidades del interior del país es la misma escasa gente la que se mueve en torno a todas las instituciones que dan vida a los pueblos.

Sin participación no hay calidad institucional y sin calidad institucional habrá una democracia hueca y difícilmente algún cambio que pueda cambiar las reglas de juego de cara al futuro. El planteo que subyace detrás del comentario de Bergman es que tenemos que reivindicar la política en general, y volver a darle contenido a las instituciones que conforman el entramado de la sociedad.

6.8. Hacia dónde vamos

El gráfico 17 que adjuntamos a continuación, muestra nuestras proyecciones en relación al nivel de actividad económica de la Argentina, de cara a 2020, medido a través del PBI. La proyección está basada en los elementos de análisis considerados a lo largo de este trabajo, especialmente en lo que hace al probable desempeño de la economía internacional, en el marco de los ciclos económicos internacionales.

En base a este esquema, consideramos que la economía argentina retomará una senda de aumento en su PBI, de entre el 4% y el 5% a partir de 2016, independientemente de quién sea el Presidente de la Nación para ese entonces. ¿En qué argumentos descansa este análisis? En los siguientes:

a) Es razonable pensar que la economía mundial, que aún está reponiéndose del fuerte golpe que expresó la última crisis global, volverá a retomar un ciclo alcista a partir de 2016, momento en el cual cabe esperar que Europa salga definitivamente de la recesión, al igual que Japón, todo lo cual mejorará también los niveles de actividad económica en países como China, India y Brasil.

En ese contexto de recuperación de la demanda internacional, cabe razonablemente esperar que los precios de los commodities vuelvan a mostrar un sentido alcista. Con pecios internacionales aumentando y con un Brasil recuperando dinamismo, la economía argentina también mejorará su performance, como ha ocurrido históricamente.

b) Es razonable pensar que la Argentina habrá normalizado su relación con el sistema financiero internacional de crédito para 2016 ya que, más tarde o más temprano, el conflicto con los Fondos Buitres tendrá un canal de negociación adecuado. Este nuevo escenario permitirá recrear nuevos espacios de crédito, tanto para el sector público como para las empresas. El regreso al mercado de crédito dará un nuevo impulso a la inversión y al consumo interno, lo cual afectará positivamente el nivel de actividad económica.

c) Si el próximo gobierno tiene un acceso más fluido al crédito, es lógico pensar que también asumirá una actitud menos intervencionista sobre los mercados, marco en el cual también cabe esperar algún nivel de reacomodamiento del tipo de cambio real, a los efectos de mejorar parcialmente la competitividad de los sectores de bienes transables. Estas acciones generarán muy posiblemente un mejor clima de negocios, que alentará una recuperación en los niveles de inversión.

Como puede observarse, una pieza clave en relación al pronóstico sobre la recuperación de la actividad económica a partir de 2016 descansa en la hipótesis de que la Argentina regresará al mercado internacional de crédito de manera fluida, tras alcanzar algún acuerdo con los acreedores que quedaron fuera del canje de la deuda en su momento.

Gráfico 17. Crecimiento proyectado de la actividad económica argentina
Variación porcentual anual del PBI

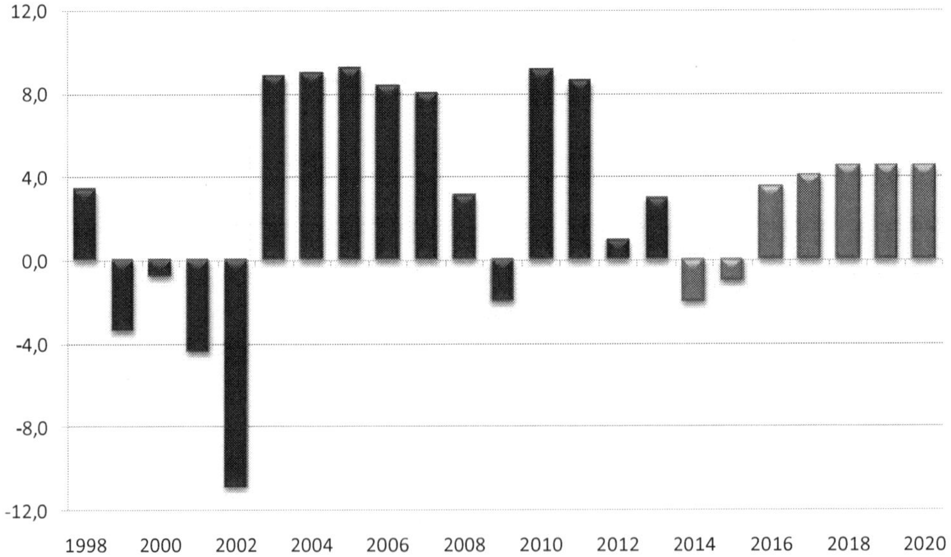

Lo anterior supone, por supuesto desandar el camino del discurso político sobre las virtudes del "desendeudamiento" que enarbolaron los gobiernos de Néstor y Cristina durante la última década. Ese discurso, sin embargo, ya comenzó a ser parte de la historia durante el año 2014, cuando a través de diversas ventanas no convencionales, el propio gobierno de Cristina Fernández comenzó a tomar créditos a nivel internacional con el objeto de fortalecer las Reservas del Banco Central.

Aquí conviene hacer una pequeña historia sobre la deuda pública y su impacto sobre el nivel de actividad económica del país. La República Argentina tiene deuda pública desde su misma génesis, tal como se destacó en el Capítulo III de este trabajo. De hecho, la mencionada crisis de 1890 fue una situación donde la incapacidad del Estado Argentino para hacer frente a sus compromisos externos fue una pieza clave.

Sin embargo, digamos que, en mayor o menor medida, las deudas públicas externas fueron relativamente manejables hasta mediados de la década del 70 del siglo XX. Cuando Isabel Perón fue desplazada del gobierno por la Junta Militar, la deuda externa se ubicaba entre los 7.500 y los 8.000 millones de dólares. En cambio, cuando los militares dejaron el poder, en 1983, la deuda externa había saltado a los 45.000 millones de dólares, una cifra ciertamente impagable.

Es sabido que aquella deuda condicionó al gobierno de Raúl Alfonsín de una manera significativa, sobre todo en relación a las habituales "recomendaciones" del FMI. Aquel primer gobierno democrático no pudo resolver el problema y sólo consiguió reptar entre diversas refinanciaciones, que a través de nuevos intereses, implicó que al terminar Alfonsín su mandato, en 1989, el Gobierno acumulaba una deuda que se ubicaba en torno a los 65.000 millones de dólares.

El Presidente Menem heredó aquel delicado problema que, como ya expresamos, condicionaba fuertemente la propia capacidad de maniobra del gobierno nacional para llevar adelante sus políticas. ¿Qué hizo Menem, con el apoyo de Cavallo? Refinanciaron la deuda externa a través del llamado Plan Brady, y refinanciaron también la llamada Deuda Interna (que se derivaba de la política monetaria instrumentada en los años anteriores desde el Banco Central) a través del llamado Plan Bonex, que fue en realidad un canje compulsivo sobre los depósitos de los ahorristas en el sistema financiero.

Dicho irónicamente: la deuda que condicionó fuertemente al gobierno de Alfonsín, Carlos Menem la resolvió pateándola para adelante a través de un proceso de refinanciación de los pasivos. Despejado el horizonte inmediato, el Presidente se dedicó a jugar al golf. El problema fue que dicha refinanciación comenzaba a mostrar vencimientos cada vez más importantes a partir de 1999. De tal manera que, cuando Fernando de la Rúa llegó a la Casa Rosada, se encontró con todos los pagarés arriba de la mesa y una deuda, que vía acumulación de intereses, trepaba a los 121.000 millones de dólares.

El tema aparece muy distinto de cara a 2016. Tras 10 años transitados en un proceso casi obligado de desendeudamiento, y canje con quita mediante, la deuda del gobierno argentino se ubica en un ratio muy bajo, en relación a los parámetros internacionales. De tal manera, resulta razonable esperar que un próximo gobierno, del signo que sea, una vez resueltos los problemas judiciales pendientes, regresará casi con seguridad al mercado internacional de crédito con todo lo que ello significa.

CAPÍTULO VII

Una batería de propuestas indecentes

"Todo lo que no se legisla, se legisla implícitamente a favor del fuerte. La igualdad teórica es una desigualdad práctica a favor de los poderosos".

Raúl Scalabrini Ortiz

En diciembre de 2014 el Presidente Obama anunciaba su intención de reiniciar las relaciones diplomáticas con Cuba, momento en el cual expresó que "no podemos seguir haciendo lo mismo y esperar resultados diferentes". La frase del Presidente de los Estados Unidos no es original. En realidad se atribuye al físico Albert Einstein el argumento de que no se puede resolver un problema utilizando los mismos razonamientos que generaron dicho problema. De lo anterior se deduce que el fracaso está garantizado si no logramos modificar el paradigma del pensamiento inicial.

Esto tiene que ver con algunas propuestas de política económica en relación a cómo podemos transformar la realidad de la Argentina y generar mejores condiciones para la población. Las últimas décadas parecen estar repletas de políticas que se repiten en las acciones, de manera cíclica, generando como consecuencia los mismos resultados ineficientes y frustrantes para la mayor parte de la sociedad.

Está claro que se requiere de una cuota de audacia política para saltar el cerco de las prácticas habituales e intentar resolver los problemas de siempre, pero apelando a ideas nuevas, superadoras. A continuación vamos a introducirnos en esta lógica e intentaremos plantear un cambio de paradigma aplicado a algunos ejemplos concretos de temas que consideramos no se pueden resolver eficientemente apelando a las estrategias tradicionales, que ya se han mostrado ineficaces durante demasiado tiempo.

Ejemplo 1. El funcionamiento del Sistema Judicial

Ya jubilado, en enero de 2015, el Doctor Raúl Zaffaroni, ex miembro de la Corte Suprema de Justicia de la Nación, expresaba en un reportaje periodístico que: "Si no confiás en el derecho, no confiás en las soluciones jurídicas, y entonces la única que te queda es la violencia". Está claro que la sociedad argentina es una sociedad con preocupantes señales de violencia, y también está claro que la administración de justicia en la Argentina no funciona adecuadamente, ni a nivel federal ni en las provincias.

¿No es este acaso un libro de economía? ¿Por qué dedicarle un espacio a la administración de justicia? Porque sin justicia no hay calidad institucional, y sin instituciones adecuadas el sistema económico hace agua, en la Argentina y en cualquier otro lugar del planeta.

Como diría Einstein, aquí hace falta cambiar el enfoque. Y cambiar el enfoque implica considerar que los problemas centrales de la justicia en la Argentina no están básicamente a nivel normativo, sino en el Sistema Judicial. Es un hecho que la mayor parte de los políticos se llenan la boca hablando de cómo reformar leyes, e incluso con cambios constitucionales, a los efectos de mejorar el sistema. Pero el problema no está fundamentalmente en este punto, sino en la incapacidad del Sistema Judicial para dar respuesta en tiempo y forma a las demandas de la sociedad.

La justicia argentina es lenta, y una justicia lenta no es justicia. Esto vale tanto para la parte civil, penal, comercial o contencioso administrativa. Es un hecho que la mayor parte de los empresarios le tiene aversión al sistema judicial. En gran medida esto se debe a que la lentitud es tan grande que supera todos los tiempos razonables del Sistema Económico.

¿Cómo enfrentar esta situación? Una respuesta a considerar seriamente sería aumentando el número de jueces. La carga burocrática del Sistema Judicial argentino es inmensa, pero la agilidad del sistema no puede descansar en la cantidad de empleados que rodean al juez, porque el fallo, y las etapas del proceso, finalmente tienen que descansar inevitablemente en dicho funcionario. (Al momento de la redacción de este texto, enero de 2015, se producía la lamentable muerte del fiscal Nisman. Se trataba de un funcionario que se ocupaba de un solo caso (el atentado a la AMIA), y que contaba para su tarea con la colaboración directa de entre 40 y 50 empleados).

A partir de lo anterior, es importante destacar que el Sistema Judicial en la Argentina no cumple con un reconocido principio procesal que es el llamado Principio de Inmediatez, que expresa la necesidad de que el Juez tenga un estrecho vínculo con el expediente. Ya dijimos que hoy, en la Argentina, el Sistema tiene pocos jueces y muchos empleados, que son los que van pateando para adelante los expedientes, a través de innumerables (y la mayor parte de las veces innecesarios) trámites burocráticos, a la espera de que finalmente el Juez pueda leerlo y expedirse.

Llegado este punto, viene bien una comparación. En Brasil, por ejemplo, que dista mucho de ser un país del Primer Mundo, un Juez emite en promedio unos 200 fallos por mes, cuando en la Argentina ese número, con mucha suerte, es el que puede esperarse de un juez en un año. En Brasil el tiempo promedio para que aparezca una sentencia se ubica en los 6 meses. En la Argentina ese tiempo se encuentra entre los 3 y 5 años, aunque hay no pocos juicios que se arrastran 10 años, sin que a nadie se le mueva un pelo. En Brasil los jueces tienen que dar una explicación si el expediente queda parado más de lo habitual. En la Argentina eso ni siquiera existe. En Brasil ya no existen los expedientes en papel. Todo está informatizado.

¿Por qué no duplicamos el número de jueces, sobre todo en lo Civil y Comercial? ¿Porque costaría mucho? La cifra a considerar sería insignificante en relación a la magnitud de los presupuestos que manejan la Nación y las Provincias. Por otra parte, estamos hablando nada más y nada menos que de la justicia, uno de los factores determinantes de la calidad institucional de una sociedad. Cualquier análisis de costo/beneficio sobre esta propuesta arrojaría resultados más que positivos. La agilización de las causas generaría beneficios económicos al conjunto del sistema productivo, que superarían holgadamente el aumento de los costos que le cargaríamos al Sistema Judicial.

¿Por qué nadie propone este tipo de acciones? ¿Porqué un segmento de la justicia actúa corporativamente y no tiene interés en abrir el juego? ¿Porqué la lentitud expresa un espacio de poder para aquellos que pueden negociar mejor con los que tienen la llave de las decisiones judiciales?

Ejemplo 2. La estabilidad laboral en el Sector Público

La baja productividad del sector público argentino viene siendo debatida en distintos ámbitos desde hace décadas. De hecho, ha dado lugar a políticas feroces de desguace del Estado, en distintas etapas, como con Martínez de Hoz o Carlos Menem. Las políticas pendulares, que pasan de un extremo a otro, han sido parte del proceso histórico de las últimas décadas, donde de nuevo puede verse el corrimiento pendular de derecha a izquierda, para quedar siempre en el mismo punto.

Pese a lo mucho que se ha escrito sobre este tema, tanto desde la derecha como desde la izquierda durante las últimas décadas, consideramos que existe un tema medular para analizar esta problemática, que pocas veces se menciona a la hora de evaluar políticas que tiendan a darle un giro al problema del sector público. Mientras tanto, es casi un lugar común hablar de la baja productividad de la mano de obra en el sector público argentino, en todos los niveles, Nación, Provincia o Municipios.

Sin embargo, consideramos que hay un tema medular, al que nos queremos referir ahora, que podría ser una de las llaves para encauzar un escenario más favorable para el funcionamiento del sector público. Se trata de la norma que establece la estabilidad laboral de los empleados del Estado, tanto a nivel Nacional, como Provincial y Municipal.

¿Qué significa que los empleados públicos tienen estabilidad laboral? Que no pueden ser apartados de la función a no ser que medie una causa grave de inconducta, comprobada fehacientemente a través de un sumario (robo, corrupción, conductas agresivas, etc.). Este criterio responde históricamente a una razón más que atendible. Si los empleados públicos no tuvieran estabilidad, cada gobernante nuevo (un intendente, por ejemplo), al asumir su mandato, estaría tentado de reemplazar a los empleados anteriores para poner en su lugar a gente que le responda políticamente.

El problema es que la estabilidad está planteada de una manera tan amplia, que los mecanismos motivacionales para un trabajador estatal son muy bajos en la Argentina, desde hace décadas. Esto es así porque la ineptitud o la desidia, por ejemplo, no son causales de despido en la Administración Pública, ni marca diferencias de ingresos entre los distintos agentes del Estado.

La bajísima productividad de los empleados públicos en la Argentina no merece mayores pruebas, porque está a la vista de cualquiera de los lectores, en todos los niveles de gobierno que se quiera analizar. La pregunta es la siguiente: ¿podrían redefinirse los alcances de la estabilidad laboral con algún criterio que permitiera mejorar la calidad en las prestaciones del Estado, y con ello beneficiando a toda la sociedad, sin caer en la arbitrariedad política?

Lo llamativo, llegado este punto, es que este tema, central a nuestro juicio, en lo que hace a la calidad de las prestaciones del Estado, no está en la agenda de ningún partido, ni de ningún político en particular. ¿Las razones? ¿Es un tema tabú? ¿Es poner el dedo en el ventilador? ¿Es un planteo políticamente incorrecto? ¿Implica tocar intereses que nadie quiere afectar?

Ejemplo 3. La Política Impositiva

El sistema impositivo argentino se expresa en una maraña de normas. Para inscribir una empresa, en algunos casos hay que hacer entre 15 y 19 trámites. Ese número excede al de cualquiera de los países de la región. La mayor parte de las empresas, aún las más pequeñas requieren de los servicios de un especialista, el Contador Público, para poder cumplir con sus obligaciones tributarias.

Se supone que esa infernal red de controles tiene que ver con una fuerte cultura de la evasión, y que el gobierno, a través de la Administración Federal de Ingresos Públicos (AFIP), no tiene más remedio que demandar mucha información, que cruzada debidamente a través del sistema informático, permite detectar los incumplimientos de los contribuyentes.

Sin embargo, y pese a estos ingentes esfuerzos de la AFIP, los niveles de evasión continúan siendo muy altos, lo mismo que la informalidad laboral, en torno al 30% y el 35%. ¿Qué hace falta para bajar los niveles de evasión? ¿Más controles, más regulaciones, más formularios, más declaraciones juradas? La mayor parte de los tributaristas en la Argentina compiten para ver quién puede formular el procedimiento más engorroso posible.

La AFIP, en este contexto, ideó además sistemas donde la responsabilidad en el procesamiento de la información corre por cuenta de los mismos contribuyentes. En algunas empresas, incluyendo a muchas pymes, hay empleados cuya tarea es exclusivamente trabajar para cumplir los requerimientos formales de la AFIP. Está de más decir que todo esto implica costos, que afectan la competitividad de las empresas.

Sin embargo, cuando se plantea alguna propuesta para simplificar el sistema impositivo, surge la razonable duda de si una instrumentación de este tipo no haría caer la recaudación, y consecuentemente poner en riesgo los servicios del Estado. La duda es legítima, y explica razonablemente por qué muchos políticos prometen simplificar el sistema mientras son candidatos y luego sistemáticamente se olvidan de esa promesa cuando están gobernando.

Mientras tanto, se escucha mencionar con frecuencia que en Estados Unidos, y otros países desarrollados, existe una cultura tributaria mejor que la nuestra. Esto es cierto, pero a veces se lo expresa como si fuera algo propio de la naturaleza de aquellos contribuyentes. ¿Algo genético tal vez? Para el caso de Estados Unidos, la respuesta más razonable a este interrogante tal vez pase por considerar que existen normativas que envían rápidamente a la cárcel a quienes evaden. De hecho, algunas miles de personas terminan en la cárcel cada año en Estados Unidos por evasión impositiva.

¿Qué se podría proponer en la Argentina? Nos parece que sería muy razonable plantear una fuerte simplificación del sistema impositivo, pero que estuviera acompañada de una nueva ley penal tributaria, mucho más rigurosa que la actual, que permitiera mandar a la cárcel, de manera efectiva, a quienes evaden más allá de un determinado límite.

Llegado este punto, es altamente probable que muchos contribuyentes comiencen a tener una conducta más prolija que la actual. Tal vez la probabilidad de que un evasor sea detectado siga siendo la misma que antes, pero las consecuencias serían distintas. Nos parece que sólo el aumento del riesgo, generaría una conducta más prolija.

En un contexto como el anterior, en el cual ya se contará con contribuyentes más consecuentes con el sistema, también tendría más sentido intentar ir por un diseño más progresivo. En la Argentina no hay un solo político que no exprese frente a cualquier micrófono, que el actual sistema impositivo es muy regresivo, es decir inequitativo, y que debería ser reemplazado por otro, de carácter más progresivo. En este punto se habla siempre de reducir la alícuota del IVA, de eliminar el impuesto al cheque, etc. Como siempre suele ocurrir, muchos políticos hablan de cómo debería bajar la presión impositiva, pero no de dónde saldrían los recursos para compensarlos.

Si comparamos el sistema impositivo argentino, en términos de equidad y progresividad y lo comparamos con algunos de los sistemas impositivos más importantes del mundo, las diferencias son notables, ya que el nuestro descansa fuertemente sobre la recaudación de impuestos indirectos, como el IVA, de reconocida regresividad.

En cambio, en la Argentina, a pesar de todo el debate generado en los últimos años, continúa estando exenta del impuesto a las ganancias la llamada Renta Financiera. ¿Qué significa esto? Que un empresario que trabaja día a día en su actividad tiene que pagar el gravamen religiosamente. Pero en cambio, alguien que está en el bar de la esquina especulando con bonos y acciones, con tan solo un celular como herramienta, está exento del mismo.

Gráfico 18. Estructura de la recaudación impositiva

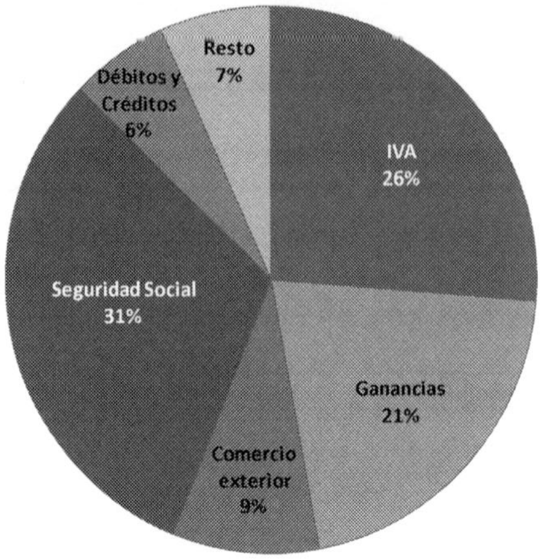

Ejemplo 4. El problema del narcotráfico

El narcotráfico es un problema muy serio en casi toda Latinoamérica. En la Argentina, claramente se trata de un problema creciente, sobre todo desde el inicio mismo del presente siglo. No se trata sólo de una cuestión vinculada a la salud de una parte la población, sino que se trata de un tema que afecta la calidad misma de las instituciones y asimismo el margen de maniobra de los sectores delictivos.

El tema que nos interesa particularmente analizar en este espacio es que el negocio de la droga pone en riesgo la misma calidad de las instituciones, en una sociedad democrática. Esto es así porque la droga mueve tanto dinero, que se puede permitir comprar la voluntad de políticos de distintos partidos, de jueces en la justicia, de los policías y también la voluntad de no pocos periodistas en los medios de comunicación más influyentes.

¿Cómo enfrentar el crecimiento del narcotráfico en la Argentina? Si le preguntamos a un experto de la DEA (de sus siglas en inglés: Drug Enforcement Administration) la respuesta es simple: con más represión, especialmente sobre los consumidores y sobre la producción. ¿Es el camino adecuado? Si le preguntaran a Einstein seguramente estaríamos intuyendo una respuesta distinta. La receta represiva ya probó que no resuelve el problema, incluso hay elementos como para considerar que la represión actúa como un mecanismo de promoción y aumento de los márgenes de rentabilidad del narcotráfico.

Ya en la década del 70 del siglo XX el Premio Nobel de Economía, el norteamericano ultra liberal Milton Friedman había planteado que la solución al problema del narcotráfico no estaba en la represión, porque eso deterioraba las reglas del mercado, ayudando a generar un problema que hacía que los precios subieran más, para beneficio de los grupos concentrados de poder, cuyas ganancias serían superiores a las que prevalecerían en el mercado si fuera libre (al romperse la lógica del funcionamiento de la oferta y la demanda).

Aunque parezca paradójico, la estrategia que quiere llevar adelante el ex Tupamaro Mujica en Uruguay, desde 2014, que es políticamente de "izquierda", responde a la misma lógica de análisis que Milton Friedman ya explicitara en el siglo pasado, siendo que él era políticamente de "derecha". Ambos piensan bajo la misma lógica, que es la siguiente: si queremos derrotar al narcotráfico, la solución no es más represión, sino que hay que intentar romper el negocio de la droga. ¿Cómo? Liberalizando el mercado y fortaleciendo un mecanismo para complementar la oferta.

El resultado de una estrategia de este tipo descansa en que permitiría romper los márgenes de rentabilidad de los narcotraficantes. Sin recursos, ya no podrán comprar la voluntad de periodistas, políticos, jueces y policías. Una oferta de drogas a cargo del Estado, permitirá por otra parte plantearse, de manera organizada, una política de contención más efectiva hacia los sectores vulnerables.

Volviendo a Einstein reflexionemos sobre lo siguiente. La estrategia desarrollada en Estados Unidos desde la década del 70, y posteriormente planteada en otros países como la Argentina, basada en la idea de que se podría reducir el consumo mediante un control represivo sobre la oferta, y que una represión eficiente y sostenible, permitiría en algún momento extinguir el problema, ha probado ya sobradamente que es un gran fracaso, tanto en los Estados Unidos, como en el resto del mundo. ¿No habrá llegado el momento de cambiar de estrategia, en lugar de seguir insistiendo siempre con lo mismo?

Por supuesto que una propuesta de este tipo, además de audaz, está llena de dificultades en términos de instrumentación. En primer lugar hay que vencer muchos prejuicios (otra vez el cambio de paradigma). En segundo lugar, hacen falta muchos recursos económicos desde el mismo Estado, para poder instrumentarlo. En tercer lugar, hacen falta también recursos humanos calificados en el sector público de manera muy específica, que sean capaces de administrar un programa de largo plazo en esta materia, programa que debe incluir médicos, trabajadores sociales, psicólogos, etc.

Ejemplo 5. Mercado interno versus exportaciones – El caso de la carne vacuna

A todo Gobierno le gusta que aumenten las exportaciones de productos desde su país. Pero una cosa es exportar soja o maní, por ejemplo, y otra muy distinta es exportar carne o lácteos. ¿Cuál es la diferencia? Que la soja y el maní no forman parte de la llamada canasta básica de alimentos, es decir que no son importantes en la dieta de la población nacional, mientras que la carne vacuna y los lácteos sí.

Un gobierno que está preocupado por el consumo interno de alimentos puede ocasionalmente tomar decisiones que afectan los intereses de los sectores productivos. Así por ejemplo, en 2006, el gobierno argentino suspendió temporariamente las exportaciones de carne vacuna, por el temor de que pudiera producirse un fuerte aumento en los precios en el mercado interno. Lo mismo hizo con los lácteos en 2008, cuando se produjo un salto muy fuerte en el precio internacional de la leche en polvo.

El debate sobre la carne vacuna, en relación a que se trata de un producto muy "político" lleva décadas de discusión en la Argentina. Liberar las exportaciones versus ejercer controles que prioricen el consumo interno son parte de un fuerte debate, que se sostiene en el país desde la primera presidencia de Perón en el año 1946, y ha continuado hasta el presente, con mayor o menor intensidad (de hecho, con mucha intensidad en la etapa K).

¿No hay alguna manera de encarar este tema a través de alguna estrategia que permita dar una respuesta distinta? Se suele hablar mucho de que tenemos que imitar la conducta de Brasil y Uruguay, que en las últimas décadas tuvieron un fuerte crecimiento en los mercados mundiales en lo que hace a la penetración de sus carnes. Sin embargo, pocas veces se menciona que, tanto en Uruguay como en Brasil, es obligatorio el desposte de la carne vacuna, mientras que en la Argentina, una parte sustancial de la producción para el mercado interno se realiza a través de medias reses.

¿Acaso importa esta diferencia? Sí, porque hace a la eficiencia en toda la cadena de valor de la carne. La dispersión entre el corte más caro y el más barato en la Argentina es la mitad que en Uruguay debido básicamente a esto. Los precios de la carne vacuna en la Argentina tienen escasa diferenciación, debido a que la distribución en medias reses impide enviar los cortes hacia donde esté ubicada su demanda específica.

Veámoslo con un ejemplo. Mientras usted está leyendo este texto, una media res está siendo enviada a una carnicería de un barrio pobre de la ciudad de Rosario. El carnicero de ese barrio no puede cobrar el lomo al precio de referencia que correspondería, porque no tendría compradores, por lo tanto debe bajar el precio de lomo. Pero ese carnicero pagó por la media res lo mismo que el carnicero del centro de Rosario. La baja que hizo sobre el precio del lomo, la tiene que compensar con la suba de otros cortes, de hecho los que más salida tengan en el barrio, como el puchero y el asado. Moraleja: está absolutamente probado que los cortes populares de la carne vacuna son más caros en los barrios pobres que en los barrios ricos.

En cambio, si el desposte fuera obligatorio, desde los frigoríficos los cortes serían enviados a los lugares donde se ubica cada demanda específicamente. Adicionalmente a lo anterior, otros subproductos podrían tener destinos más eficientes que el desperdicio que se produce en cada boca de venta minorista. Por supuesto que un sistema de desposte, habilitaría un esquema de destinos para exportación sobre cortes específicos también mucho más eficiente que el actual. Como consecuencia de todo ello, el precio del kilo de lomo subiría con respecto a la situación actual con toda seguridad, pero la mayoría de los cortes populares, incluyendo el asado, serían incluso más accesibles (es decir que nos acercaríamos a la dispersión de precios que existe en Uruguay).

A esta altura de la página, más de un lector se estará preguntando si nadie propuso un sistema de desposte alguna vez en la Argentina. La respuesta es sí, y no sólo una vez, sino varias veces. El último proyecto que este autor pudo revisar a nivel borrador, por ejemplo, en la década pasada, proponía lisa y llanamente la prohibición de distribuir medias reses en las localidades de más de 30.000 habitantes. Nunca llegó a ser tratado en el Congreso.

Un sistema de desposte como el propuesto haría más eficiente toda la cadena de valor de la carne vacuna argentina, alentaría las exportaciones de los cortes más caros, defendería el consumo interno de los cortes populares, y mejoraría la rentabilidad de los productores primarios, que se verían estimulados a apostar a una mayor producción en términos de inversión.

Si suena tan lógico, ¿por qué no se hace? La respuesta es porque afecta los intereses de algunos actores en la cadena de valor de la carne vacuna, que tienen la suficiente capacidad de lobby como para frenar la implementación de una política que beneficiaría tanto a la cadena en su conjunto como al resto de la sociedad. Así por ejemplo digamos que, si hubiera desposte, habría trazabilidad, y donde hay trazabilidad el control impositivo puede ser más eficiente. ¿Se comprende? ¡A buen entendedor pocas palabras!

Reflexiones finales a cargo de Wilheim Reich

Está claro que el listado de temas aquí abordado no es exhaustivo. Sólo se trata de ejemplos puntuales, si se quiere aislados, anárquicos, que pretenden servir como un disparador para pensar algunos problemas de una manera distinta a la habitual, e invitar así al lector a hacerlo en otros temas, donde la sociedad argentina viene sin encontrar respuestas superadoras desde hace décadas. Necesitamos cambiar el paradigma para poder dar un salto cualitativo.

Lo anterior, no obstante, no quita que reconozcamos que detrás de cada propuesta de política económica se esconden intereses y una diversidad de juicios de valor. A lo largo de nuestra experiencia en el asesoramiento empresario nos ha resultado bastante común encontrar a personas que suelen plantear con mucha firmeza qué es "lo que le conviene al país". Y siempre decimos que, en la mayor parte de los casos, lo que un empresario dice que le conviene al país suele coincidir con lo que casualmente también le conviene a él personalmente y a su empresa.

En realidad, esta "coincidencia" no necesariamente está expresando mala fe. Ocurre que en general siempre vemos la realidad desde la baldosa en la cual se mueven nuestros intereses más cercanos. El historiador Marc Bloch decía al respecto: "El individuo no percibe jamás sino un pequeño rincón, estrechamente limitado por sus sentidos y por su facultad de atención. Además el individuo no posee jamás la conciencia inmediata de nada que no sean sus propios estados mentales".

En tren de derribar prejuicios, pensemos también en lo valorativo. Bajo una lectura superficial es posible que muchos lectores, con afán clasificatorio piensen, por ejemplo, que la propuesta 4 parece de izquierda, pero que la propuesta 2 parece de "derecha". Y tal vez algún lector estará pensando que eso expresa alguna incoherencia ideológica del autor (lo cual, por supuesto, no se puede descartar).

Sin embargo, bajo nuestra perspectiva, y tratando de seguir la lógica planteada a lo largo de este trabajo, creemos que no hay contradicción alguna. De lo que se trata es de encontrar soluciones pasando por arriba los viejos y repetidos razonamientos que hasta el presente no pudieron resolver algunas problemáticas que ya tienen décadas.

En este punto nos gusta siempre recordar la reflexión de un pensador austríaco, Wilhelm Reich, que al referirse críticamente al comportamiento de los políticos en su país dijo alguna vez: "Un poco más a la derecha, o un poco más a la izquierda, pero ni un milímetro más adelante". Nuestra reflexión es que también en la Argentina tenemos que intentar situarnos un milímetro más adelante, independientemente de si estamos a la izquierda o la derecha en el espectro político, bajo las pautas clasificatorias convencionales.

CAPÍTULO VIII
Las relaciones de poder y la Política Económica

"Entre el débil y el fuerte, la ley es la que protege y la libertad la que oprime. Sin equidad, sin árbitro, sin reglas, la libertad es pura barbarie".

Pablo VI - OIT - 1969

Casi al final de su truncado mandato, en oportunidad de un discurso a su sufrida militancia, el ex Presidente de Chile, Salvador Allende, expresó una frase que siempre retengo en mi memoria. Dijo que: "La política es una cuestión de poder, no de tener la razón". ¿Qué significa esta frase? Que en política no se discute quién tiene razón. Se dirimen espacios de poder. Yo puedo tener toda la razón del mundo, pero si no tengo capacidad para hacer valer mi posición, seguramente mis argumentos no serán tenidos en cuenta y finalmente no prevalecerán.

Está claro que la visión expresada más arriba no es habitual en el marco del pensamiento social, al menos en la mayoría de los marcos teóricos que más usualmente se utilizan. Sin embargo, podemos rastrear esta cosmovisión del mundo y de la sociedad, en distintos ámbitos del pensamiento social y también su articulación entre los campos de la Filosofía, las Ciencias Políticas y la Economía.

¿De dónde arranca esta forma de ver las cosas? Mientras Platón y Aristóteles daban nacimiento al pensamiento clásico de carácter idealista en alguna esquina de la Atenas del siglo IV antes de Cristo, en alguna otra esquina, a pocas cuadras de la misma ciudad, otro filósofo, con bastante menos audiencia, daba comienzo a lo que la Filosofía considera su versión materialista. Se trataba de Protágoras, a quien se atribuye la frase "El hombre es la medida de todas las cosas".

La frase expresa que no es posible el conocimiento verdadero, y que lo que importa es la opinión valedera, ya que las discrepancias no pueden zanjarse apelando a la verdad. De lo anterior deducían que la verdad es de este mundo, lo cual significa que hay que luchar por ella, porque la verdad es la que establece el poder. Uno de los discípulos de Protágoras, llamado Trasímaco, fue un poco más allá que su maestro al afirmar, lisa y llanamente, que la verdad la tiene el poder.

Mucho más cerca en el tiempo, es famosa una frase de Friedrich Nietzsche, quien expresó que: "No hay hechos, sólo interpretaciones". Bajo esta visión, queda claro que sobre un mismo hecho puede haber distintas interpretaciones. ¿Cuál de ellas prevalecerá? Obviamente la que acumule más poder. Esto y volver sobre la frase de Trasímaco es lo mismo. "La verdad la tiene el poder". Esta línea argumental se enlaza claramente con la frase de Salvador Allende, y con gran parte del pensamiento político. También con algunas expresiones de Cristina Fernández, cuando expresa que cada uno de nosotros tiene su propio "relato".

¿Qué tienen que ver todos estos párrafos con el contenido de este libro, y en términos más generales, con el pensamiento económico? Ocurre que el tema del poder no está considerando como un aspecto relevante en la mayor parte de la literatura económica. Ni el pensamiento clásico ni el neoclásico le prestaron atención. En realidad suena bastante lógico que el pensamiento liberal ignore el análisis de las relaciones de poder sobre el funcionamiento de una economía. Sin embargo, y llamativamente, este olvido le cabe también al pensamiento keynesiano y post keynesiano.

Sin embargo, existe una línea de pensamiento económico que sí le prestó especial atención al tema del poder, y su relación con las estructuras productivas y las políticas públicas. Se trata de la llamada Escuela Institucionalista, que fundara en el siglo XIX el pensador norteamericano Thorstein Veblen, pero que tiene como su representante más destacado a un economista canadiense, llamado John Galbraith (1908-2006), ya en el siglo XX.

¿Qué decía Galbraith? Que un economista podía saber toda la teoría económica contenida en la mayor biblioteca universitaria, pero que si no sabía cómo estaba estructurado el poder económico en una sociedad y su impacto sobre el marco institucional de un país, ese economista nunca sabría lo que en realidad está ocurriendo, ni podrá explicar eficientemente cómo y por qué se mueven las variables, sobre todo a nivel macroeconómico. La reflexión vale para el economista profesional, pero también para cualquier empresario y también para muchos políticos.

Es famosa una conferencia de Galbraith, realizada con motivo de la graduación universitaria de una camada de nuevos economistas, en Estados Unidos. Dirigiéndose a los jóvenes profesionales, Galbraith expresó:

> Al eludir el factor poder, al convertir a la economía en una cuestión ajena a la política, la economía convencional destruye la relación de la economía con el mundo real. En este mundo el poder es decisivo en todo lo que acontece. En consecuencia, la economía neoclásica y keynesiana relegan a sus partidarios a una marginalidad social. Ni aportan propuestas positivas ni combaten las negativas. Dicho de otra manera, manipulan palancas a las que no está conectada ninguna maquinaria[25].

---

25. Galbraith, J. K., *Historia de la economía,* Buenos Aires: Ariel, 1994, pág. 139.

De nuevo: ¿qué tienen que ver estos comentarios con el contenido de este libro? El lector atento ya habrá notado que la relación es fuerte. No se puede entender el funcionamiento de la economía argentina, ni el margen de acción de las políticas públicas en nuestro país, sin un adecuado análisis del marco institucional, es decir, de cómo funcionan los grupos de poder económico, y cómo se articulan los mecanismos de presión, incluyendo en este análisis el rol de los medios de comunicación, que en gran medida controlan dichos grupos de poder.

De lo anterior también puede deducirse que no habrá cambios profundos en la Argentina si no se modifican las relaciones de poder económico. A veces, en mis conferencias, encuentro gente bien intencionada que propone acciones concretas para transformar la realidad, que suenan razonables desde la perspectiva técnica en términos de operatividad, pero que en general son absolutamente impracticables bajo las relaciones de poder actual. Se trata ciertamente, de visiones planteadas con una gran cuota de ingenuidad.

Veamos con un ejemplo concreto el sentido de esta visión. Según datos del INDEC, de las 500 empresas más importantes que operan en la Argentina, 315, es decir el 63%, son empresas extranjeras. Dichas empresas manejan el 77% del valor agregado bruto.

Por otra parte, y en relación al comercio exterior, hay que decir que aproximadamente el 80% de las exportaciones del país, está controlado por empresas que no son argentinas. (En realidad las estimaciones varían entre un 70% y un 90%, según las fuentes consultadas).

En relación a este tema, Aldo Ferrer destaca que: "La dependencia del capital externo reduce el ahorro interno y la tasa de inversión. Culmina con niveles insostenibles de deuda externa, desequilibrios inmanejables y la subordinación a la irracionalidad de la especulación financiera". En sintonía con esta visión, Enrique Martínez expresa:

> La base de la economía argentina está montada sobre una matriz concentrada liderada por filiales de corporaciones multinacionales, que son las que deciden la producción de aquellas cosas que nosotros compramos. Esas grandes empresas giran dividendos al exterior y, como no tienen integrada su cadena de valor, en proporción crecen más las importaciones que las exportaciones. Ahora bien, si la sustitución de importaciones depende de la voluntad de las multinacionales, estamos ante un problema.

Históricamente, hay que destacar que en la Argentina el campo de batalla más común en el enfrentamiento entre los sectores de poder económico y el Estado, ha sido sin lugar a dudas el mercado cambiario, es decir el espacio donde se define la cotización del dólar. ¿Por qué es tan importante ese lugar? Porque el dólar en la Argentina es una pieza clave a la hora de definir los precios relativos en la economía. Ya hemos visto que los precios relativos, entre los llamados bienes transables y los no transables, definen nada más y nada menos que las rentabilidades sectoriales.

Las disputas han incluso variado con el tiempo. Como bien destaca Juan C. de Pablo:

> A comienzos de la década de 1960, la protección de la industria local era principalmente arancelaria, por lo cual la Unión Industrial Argentina (UIA) estaba a favor del tipo de cambio

bajo, dado que este sólo servía para comprar los insumos que no se fabricaban en el país. Por consiguiente, la UIA estaba peleada con la Sociedad Rural (SRA), que representando los intereses de los productores de bienes exportables, estaba a favor del tipo de cambio alto. Hoy, por el contrario, gran parte de la protección a la producción local es de naturaleza cambiaria, no arancelaria, y por consiguiente la UIA y la SRA se unen para reclamar por un tipo de cambio alto.

El problema es que un dólar alto beneficia claramente a los sectores vinculados a la exportación, y también a algunos empresarios industriales que demandan protección frente a la competencia externa, pero esto afecta negativamente el nivel de vida de otros segmentos de la sociedad. Como destaca Zaiat: "Para algunos industriales, la devaluación tiene el objetivo de disminuir el salario real de los trabajadores, y también valoriza sus capitales fugados del sistema, que están en dólares y que, medidos en moneda doméstica, les permite comprar activos a un menor precio".

Ahora bien: ¿hasta dónde puede ser independiente la política económica de un gobierno nacional, en un contexto donde una parte muy significativa del aparato productivo y la generación de divisas, están en manos de grupos económicos internacionales? Si la mayor parte del comercio exterior está manejado por grupos externos, eso quiere decir, por ejemplo, que dichos grupos pueden influir sobre los movimientos en el tipo de cambio, lo cual a su vez, afecta el comportamiento de otras variables sensibles para el sistema productivo y social.

Una parte sustancial de los temas analizados en el Capítulo VII de este trabajo, sólo podrán llevarse adelante en tanto y cuanto cambien, al menos parcialmente, las relaciones de poder en términos institucionales. Quien no comprenda esta limitación, no entiende cómo opera la política, tanto en la Argentina como en cualquier otra parte del mundo. Por eso vale repetir al final, la frase de Salvador Allende con la que comenzamos este capítulo: "la política es una cuestión de poder, no de tener la razón".

EPÍLOGO

> *"No piensen lo que el país puede hacer por ustedes sino lo que ustedes pueden hacer por el país".*
>
> John F. Kennedy

Creemos firmemente que la Argentina es un país menos imprevisible de lo que muchos suponen, en materia económica, y que la falta de previsibilidad que algunas personas argumentan, descansa, en la mayoría de los casos, en la falta de herramientas adecuadas para efectuar un análisis pertinente.

A partir de lo anterior, debemos decir que la prioridad, en términos de objetivos, fue precisamente abordar una caja de herramientas que permita analizar la realidad económica del país, desde una perspectiva sistémica. En ese contexto, los ejes más relevantes de nuestro análisis fueron los siguientes, a saber:

1) Se intentó mostrar la muy alta relación que existe entre el funcionamiento del sistema productivo argentino y los ciclos de la economía internacional.

2) Se plantea que a lo largo de prácticamente todo nuestro proceso histórico, la mayor parte de las decisiones estratégicas en relación al proceso productivo fueron tomadas en forma directa, o inducidamente, desde el extranjero, respondiendo a intereses muchas veces ajenos a los de la mayor parte de la población local, situación que se mantiene en la actualidad.

3) Se pretendió echar alguna luz sobre los mecanismos a través de los cuales operan las relaciones que habitualmente existen entre las estructuras de poder económico, a nivel privado, y las políticas que se instrumentan desde el Estado Nacional.

Con los factores de análisis arriba mencionados fue que se plantearon los escenarios que visualizamos hacia los próximos años para la Argentina, descriptos en el Capítulo VI de la presente obra, donde dejamos constancia que se trata de tendencias que exceden, en gran medida, el perfil personal e ideológico de quien suceda a Cristina Fernández en la presidencia de la Nación.

Llegado este punto, tenemos que reconocer que uno de los objetivos "subterráneos" de esta obra, tiene que ver con el intento de desarmar la tendencia de algunos sectores de la sociedad argentina en adherir a lo que el pensador Ingles Gordon Childe denominaba la Teoría Historiográfico Mágica, o también Teoría del Gran Hombre. ¿Qué significa esto? La visión de que los cambios a nivel económico, social y político, pueden ser impulsados por actores individuales, de carácter excepcional.

De hecho, en la relación cotidiana, es muy común que sectores de la sociedad argentina planteen, en su discurso cotidiano, que todos los problemas que se visualizan tienen que ver con el gobernante de turno, y que dichos problemas se resolverán rápidamente si se elige a la persona adecuada para gobernar. Consideramos que este cómodo habito de personificar la problemática, expresa una ignorancia del medio social, el contexto económico, los condicionamientos externos y las relaciones de poder sobre las que se articula la realidad, en el ámbito de cualquier sociedad.

Veámoslo con un simple ejemplo. La Argentina durante la última década aumentó su PBI a un ritmo promedio anual situado en torno al 7%. Sin embargo, tan espectacular tasa de expansión de la actividad económica no permitió reducir sensiblemente los niveles de desocupación abierta y encubierta, a pesar del esfuerzo realizado través de diversos planes sociales y el aumento del empleo público.

¿Qué expresa una realidad en la cual un país que crece durante casi una década al 7% anual no puede resolver eficientemente sus problemas de empleo? Expresa que se trata de un problema de carácter estructural, donde un segmento de la sociedad carece de la calificación adecuada para adaptarse a las demandas de los sectores que están creciendo en la economía. Debido a ello, queda claro que el problema excede lo estrictamente económico, para trasladarse al ámbito educativo y cultural. ¿Acaso alguien cree que esto lo puede resolver rápidamente un nuevo presidente?

Digámoslo crudamente. En la Argentina de hoy no puede haber lugar para los ansiosos. De los elementos repasados en este libro, debería quedar claro que el país tiene problemas inmensos, cuya resolución llevará muchos años, aún con excelentes gobiernos y mejores espacios institucionales, y aún también con el mejor "viento de cola" a nivel internacional.

A partir de lo anterior, queremos finalmente expresar que, si a partir del contenido de este trabajo, hemos podido convencer a un porcentaje de los lectores, sobre la necesidad de sumar a sus mecanismos de reflexión sobre la realidad del país, parte de las herramientas que hemos desarrollado en este libro, habremos cumplido nuestro cometido.

ÍNDICE DE GRÁFICOS

22 **1. Crecimiento de la actividad económica argentina**
Fuente: INDEC y estimaciones propias.

22 **2. Índice CRB**
Fuente: Thomson Reuters / CoreCommodity CRB Index.

68 **3. Balance comercial**
Fuente: INDEC.

68 **4. Cuentas públicas**
Fuente: Ministerio de Economía y Finanzas Públicas (MECON).

72 **5. Crecimiento del PBI real mundial.**
Fuente: FMI.

75 **6. Tasa de inflación anual**
Fuente: INDEC y consultoras privadas.

76 **7. Tipo de cambio real bilateral**
Fuente: Elaboración propia con datos de BCRA, Bureau of Labor Statistics USA, INDEC y Consultoras Privadas.

78 **8. Curva de Phillips**
Fuente: Elaboración propia.

82 **9. Crecimiento de la actividad económica brasilera**
Fuente: Banco Central de Brasil.

83 **10. Ciclo de los commodities. Kondratieff**
Fuente: Stifel Nicolaus. Market Strategy, Macro & Portfolio Strategy. 02-04-12.

85 **11. Participación mundial de las exportaciones argentinas**
Fuente: Ferreres (2010), INDEC y MECON.

86 **12. Participación mundial de las exportaciones argentinas**
Proyección año 2030. Fuente: estimaciones propias.

88 **13. Distribución por sectores del PBI**
Fuente: Ferreres (2010) e INDEC.

89 **14. Sectores económicos en Argentina**
Fuente: Daniel Heymann.
95 **15. Índice de Desarrollo Humano**
Fuente: Organización de las Naciones Unidas.
96 **16. Distribución funcional del ingreso**
Fuente: Graña (2007) y estimaciones propias.
100 **17. Crecimiento proyectado de la actividad económica argentina**
Fuente: INDEC y estimaciones propias.
108 **18. Estructura de la recaudación impositiva**
Fuente: AFIP año 2014.

GLOSARIO

Balance comercial: registro de los ingresos por exportaciones y los pagos por importaciones de un país en un período determinado.

Balance de pagos: registro de las transacciones monetarias de un país y el resto del mundo en un período determinado.

BCRA: Banco Central de la República Argentina.

Bienes transables y no transables: Los bienes transables son aquellos que se pueden comercializar internacionalmente y los no transables son aquellos que sólo pueden consumirse en la economía en que se producen, no pueden importarse ni exportarse.

CEPAL: Comisión Económica para América Latina y el Caribe. Organismo dependiente de la Organización de las Naciones Unidas, responsable de promover el desarrollo económico y social de la región.

Commodities: bienes homogéneos, de escasa o nula transformación, producidos en altos volúmenes, que se comercializan en mercados abiertos, el precio es conocido y los agentes son tomadores de precio.

Distribución del ingreso: Este indicador muestra cómo es el reparto de la riqueza producida durante un año entre el capital y el trabajo.

Excedente económico: es parte de la producción total de la sociedad que excede lo que se destina a consumo y a inversión.

FMI: Fondo Monetario Internacional.

GATT: Acuerdo General sobre Aranceles Aduaneros y Comercio. Convenio que fue ideado en 1947 con el objetivo de fijar un conjunto de pautas de alcance comercial y concesiones arancelarias, según el principio de reciprocidad. En 1994, el GATT fue actualizado y se creó la OMC (Organización Mundial de Comercio), organismo integrado por naciones nucleadas en torno al GATT y la Comunidad Europea (CE), que actualmente cuenta con 300 países miembros, y que se ocupa de establecer las normas que rigen el comercio entre los países.

Índice de pobreza: Porcentaje de la población que se encuentra por debajo del nivel mínimo de satisfacción de un conjunto de necesidades alimentarias y no alimentarias consideradas esenciales.

Micro y macroeconómico: la microeconomía estudia el comportamiento económico de agentes económicos individuales, como los consumidores, las empresas, los trabajadores y los inversores; así como de los mercados. La macroeconomía se dedica al estudio general de la economía, mediante el análisis de las variables agregadas como el monto total de bienes y servicios producidos, el total de los ingresos, el nivel de empleo, de recursos productivos, la balanza de pagos, el tipo de cambio y el comportamiento general de los precios.

PBI: Producto Bruto Interno, indicador utilizado para medir el nivel de actividad económica de un país en un período determinado.

Superávit/Déficit fiscal primario: Resultado que se obtiene de comparar los ingresos y egresos totales del sector público, excluyendo los intereses de la deuda.

Tasa de desocupación: Porcentaje de la población económicamente activa que carece de un puesto de trabajo.

Términos de intercambio: relación entre los precios de las exportaciones y los precios de las importaciones de un país, que refleja la capacidad de compra que tienen los productos domésticos vendidos en el extranjero.

Tipo de cambio real: razón entre el producto del tipo de cambio nominal bilateral y un índice de precios que refleja el poder adquisitivo de la moneda extranjera y un índice de precios que refleja el poder adquisitivo de la moneda doméstica.

ANEXO ESTADÍSTICO

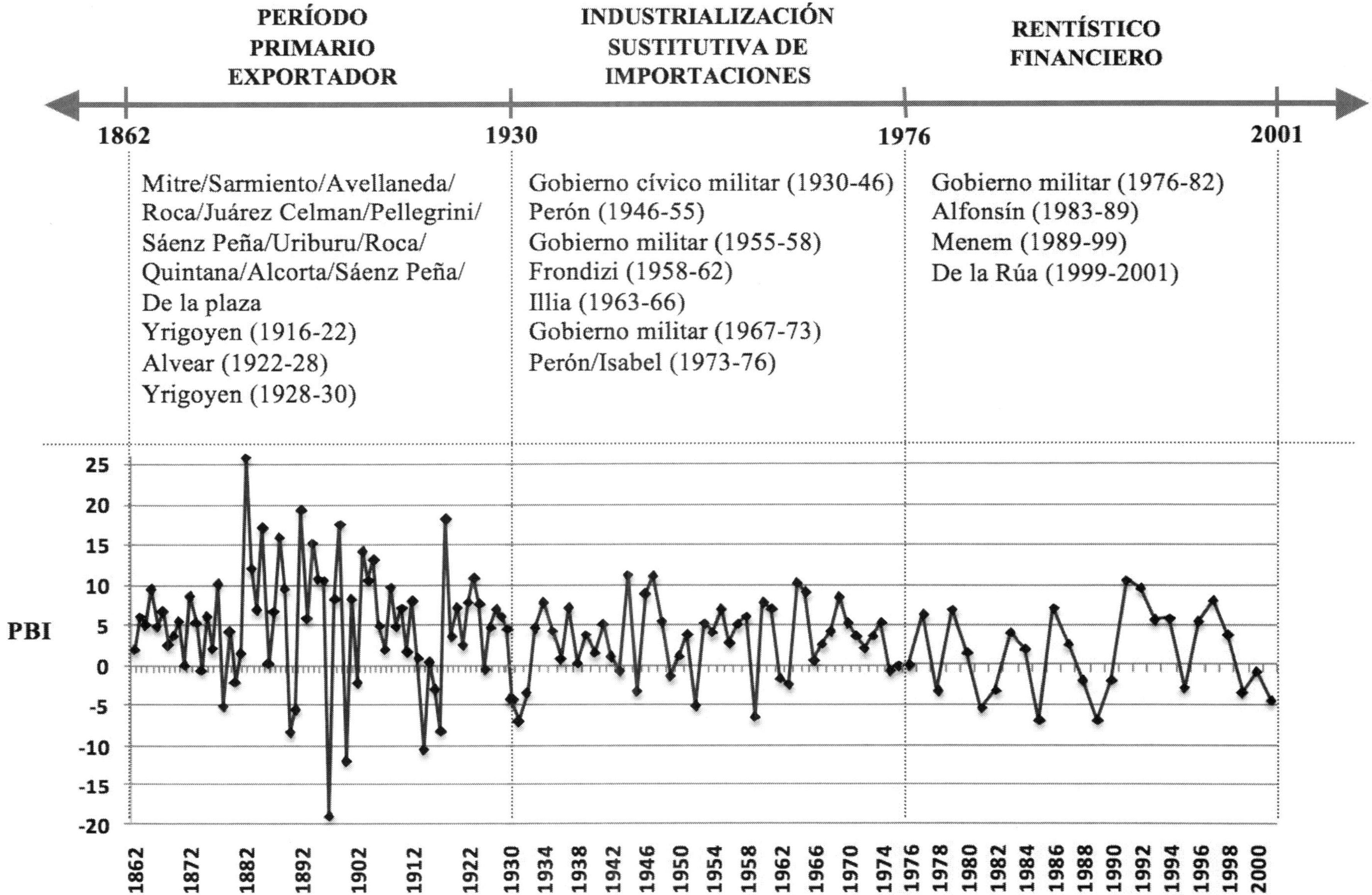
PERÍODO PRIMARIO EXPORTADOR
INDUSTRIALIZACIÓN SUSTITUTIVA DE IMPORTACIONES
RENTÍSTICO FINANCIERO
1862
1930
1976
2001
Mitre/Sarmiento/Avellaneda/
Roca/Juárez Celman/Pellegrini/
Sáenz Peña/Uriburu/Roca/
Quintana/Alcorta/Sáenz Peña/
De la plaza
Yrigoyen (1916-22)
Alvear (1922-28)
Yrigoyen (1928-30)
Gobierno cívico militar (1930-46)
Perón (1946-55)
Gobierno militar (1955-58)
Frondizi (1958-62)
Illia (1963-66)
Gobierno militar (1967-73)
Perón/Isabel (1973-76)
Gobierno militar (1976-82)
Alfonsín (1983-89)
Menem (1989-99)
De la Rúa (1999-2001)
PBI
25
20
15
10
5
0
-5
-10
-15
-20
1862
1872
1882
1892
1902
1912
1922
1930
1934
1938
1942
1946
1950
1954
1958
1962
1966
1970
1974
1976
1978
1980
1982
1984
1986
1988
1990
1992
1994
1996
1998
2000

BIBLIOGRAFÍA

ACEMOGLU, Daron y ROBINSON, James. *Por qué fracasan los países. Los orígenes del poder, la prosperidad y la pobreza,* Buenos Aires: Ariel, 2014, 592 págs.

ACTIS, Esteban. "¿Tigre o canguro?". *Página/12, Suplemento Cash,* 05-10-2014, Buenos Aires.

BASUALDO, Eduardo. *Estudios de Historia económica argentina. Desde mediados del siglo XX a la actualidad,* Buenos Aires: Siglo XIX Editores, 2006, 492 págs.

BIALET MASSÉ, Juan. *Informe sobre el estado de las clases obreras argentinas a comienzos del siglo*, La Plata, Ministerio de Trabajo de la Provincia de Buenos Aires, 2010, 2 volúmenes.

BLOCH, Marc. *Introducción a la Historia*, Buenos Aires: Fondo de Cultura Económica, 1986, 160 págs.

BRAUDEL, Fernand. *La historia y las Ciencias Sociales*, Madrid: Alianza Editorial, 1984, 220 págs.

CARDOZO, Ciro y PÉREZ BRIGNOLI, Héctor. *Los métodos de la Historia*, Barcelona: Editorial Crítica, 1986, 432 págs.

CAVALLO, Domingo. *Camino a la estabilidad. Cómo derrotar a la inflación para avanzar hacia el desarrollo económico y el progreso social*, Buenos Aires: Editorial Sudamericana, 2014, 320 págs.

CHAUNU, Pierre. *Historia de Latinoamérica*, Buenos Aires: Fondo de Cultura Económica, 1975.

CHILDE, Gordon. *Teoría de la historia*, Buenos Aires: La Pléyade, 1983, 141 págs.

DELGADO, Ricardo. *La Herencia: treinta años de economía argentina en democracia,* Primera edición, Buenos Aires: Fondo de Cultura Económica, 2013, 243 págs.

DE PABLO, Juan C. *200 años de Economía Argentina*, Buenos Aires: Ediciones B, 2010, 288 págs.

DIAMAND, Marcelo. *La Estructura Productiva Desequilibrada Argentina y el Tipo de Cambio.* Desarrollo Económico, Revista de Ciencias Sociales, Vol. 12 N° 45, Buenos Aires: Instituto de Desarrollo Económico y Social, 1972, 24 págs.

DÍAZ ALEJANDRO, Carlos. *Ensayos sobre la historia económica argentina*, Buenos Aires: Amorrortu Editores, 1975, 452 págs.

FANELLI, José M. La Argentina y el Desarrollo Económico en el siglo XXI. ¿Cómo pensarlo? ¿Qué tenemos? ¿Qué necesitamos?, Buenos Aires: Siglo XXI Editores, 2012, 352 págs.

FERRER, Aldo. La Economía Argentina. Desde sus orígenes hasta principios del siglo XXI, Buenos Aires: Fondo de Cultura Económica, 2004, 486 págs.

FERRER, Aldo. *El empresario Argentino,* Buenos Aires: Capital Intelectual, 2014, 112 págs.

FERRERES, Orlando. *Dos siglos de economía argentina: edición bicentenario,* Buenos Aires: Editorial El Ateneo y Fundación Norte y Sur, 2010, 772 págs.

GALBRAITH, John K. *Historia de la economía,* Buenos Aires: Ariel, 1994, 331 págs.

GERCHUNOFF, Pablo y FAJGELBAUM, Pablo. *¿Por qué la Argentina no fue Australia?* Buenos Aires: Siglo XXI Editores, 2006, 120 págs.

GERCHUNOF, Pablo y LLACH, Lucas. *El ciclo de la ilusión y el desencanto. Un siglo de políticas económicas argentinas,* Buenos Aires: Ariel, 2003, 536 págs.

GONZÁLEZ FRAGA, Javier y LOUSTEAU, Martín. *Sin atajos,* Buenos Aires: Grupo Editorial Temas, 2005, 250 págs.

GRAÑA, Juan M. *Distribución funcional del ingreso en la argentina. 1935-2005,* Buenos Aires: Instituto de Investigaciones Económicas de la Facultad de Ciencias Económicas de la UBA. Centro de Estudios sobre Población, Empleo y Desarrollo, 2007, 100 págs.

GRAZIANO, Walter. *La verdad oculta de la Argentina*, Buenos Aires: Editorial Planeta, 2014, 264 págs.

GRONDONA, Mariano. *Las condiciones culturales del desarrollo económico: hacia una teoría del desarrollo,* Buenos Aires: Editorial Ariel-Planeta, 1999, 481 págs.

HELLER, Carlos. *La Argentina actual y los desafíos para el cambio,* Buenos Aires: Ediciones del Centro Cultural de la Cooperación Floreal Gorini, 2012, 103 págs.

HARRISON, Lawrence. *El subdesarrollo está en la mente, el caso latinoamericano,* Buenos Aires: Editorial Rei, 1985, 274 págs.

HOBSBAWN, Eric. *Historia del siglo XX, 1914-1991*, Barcelona: Editorial Crítica, 1995, 614 págs.

KOSACOFF, Bernardo. *Hacia un nuevo modelo industrial. Idas y vueltas del desarrollo argentino,* Buenos Aires: Capital Intelectual, 2007, 96 págs.

LEVY YEYATI, Eduardo. "El dilema argentino de ser tigre o canguro". *La Nación,* 21-09-2014, Buenos Aires, pág. 6.

MALLON, Richard y SOUROULLE, Juan. *La política económica en una sociedad conflictiva. El caso argentino,* Buenos Aires: Amorrortu Editores, 1976, 363 págs.

MARTÍNEZ DE HOZ, José A. *Bases para una Argentina moderna, 1976-80,* Buenos Aires: edición del autor, 1981, 244 páginas.

MUCHNIK, Daniel. *Tres países, tres destinos. Argentina frente a Australia y Canadá,* Buenos Aires: Editorial Norma, 2003, 184 págs.

MUSSA, Michael. *La Argentina y el FMI. Del triunfo a la tragedia,* Buenos Aires: Editorial Planeta, 2002, 142 págs.

PIKETTY, Thomas. *El capital en el siglo XXI*, Buenos Aires: Fondo de Cultura Económica, 2014, 664 págs.

PREBISCH, Raúl. *Planificación, desarrollo y democracia*. Crítica & Utopía latinoamericana de Ciencias Sociales, Buenos Aires: El Cid Editor, 1979, 234 págs.

RAPOPORT, Mario. *Las Políticas Económicas en la Argentina. Una breve historia,* Buenos Aires: Editorial Booket, 2010, 512 págs.

RAPOPORT, Mario. *En el ojo de la tormenta. La economía política argentina y mundial frente a la crisis,* Buenos Aires: Fondo de Cultura Económica, 2013, 473 págs.

RAPOPORT, Mario y ZAIAT, Alfredo. *Historia de la economía argentina del siglo XX*, Buenos Aires: Editorial Página/12, 2008, 1056 págs.

RICARDO, David. *Principios de Economía Política y Tributación*, México D.F.: Fondo de Cultura Económica, 1987.

RODRIK, Dani. *Una economía, muchas recetas. La globalización, las instituciones y el crecimiento económico*, México: Fondo de Cultura Económica, 2011, 379 págs.

SAMUELSON, Paul. *Curso de economía moderna*, Buenos Aires: Aguilar, 1981,

SCHUMPETER, Joseph A.: *Historia del Análisis Económico*, Barcelona: Ariel, 1995, 1.392 págs.

SEVARES, Julio. *Por qué crecieron los países que crecieron,* Buenos Aires: Edhasa, 2010, 288 págs.

SKIDMORE, Thomas E. y SMITH, Peter H., *Historia contemporánea de América Latina: América Latina en el siglo XX,* Barcelona: Crítica (Grijalbo Mondadori), 1996, 490 págs.

SMITH, Peter H. *Carne y política en la Argentina.* Buenos Aires: Hyspamérica, 1986, 256 págs.

STIGLITZ, Joseph. *El malestar en la globalización*, Buenos Aires: Editorial Taurus, 2002, 348 págs.

TREBER, Salvador. *La economía argentina actual: 1970-1987*, Buenos Aires: Ediciones Macchi, 1987, 311 págs.

TUROW, Lester. *La guerra del siglo XXI,* Buenos Aires: Javier Vergara Editor, 1992, 373 págs.

VISINTINI, Alfredo. *Las Políticas Económicas en la Argentina: un enfoque histórico y analítico,* Córdoba: Universidad Nacional de Córdoba, 2001, 325 págs.

ZAIAT, Alfredo. *Economía a Contramano. Cómo entender la economía política*, Buenos Aires: Editorial Planeta, 2012, 320 págs.

Encontranos en

www.eduvim.com

eduvim

eduvim.blogspot.com

@eduvim

Buscanos en

Librería Universitaria Centro
Chile 253 - Villa María (Cba.) CP 5900
+54 (353) 4539145

Librería Universitaria Medioteca
Av. Sabattini 40 - Villa María (Cba.) CP 5900
+54 (353) 4539118

Librería Universitaria Campus
Arturo Jauretche 1555 - Villa María (Cba.) CP 5900
librecampus@gmail.com

Librería Universitaria Córdoba
Félix Frías 60 - Córdoba Capital - CP 5004
libreriauniversitaria.cba@gmail.com
+54 (351) 4265713

Librería Virtual
www.ulibros.com

Distribuidora Tramas
Piedras 575 - Planta Baja (CABA)
Contacto: Silvia Barrios - silfeba@gmail.com
+54 9 (11) 53277306 / +54 (11) 43454774

Este libro se terminó de imprimir en los talleres gráficos de
Ediciones Independientes, Córdoba, Argentina en el mes de Abril de 2015.

Tirada: 1000 ejemplares.

Made in the USA
Monee, IL
18 October 2026

66035223R00079